Guido Fuchs
Heiligabend

D1718860

topos premium
Eine Produktion des Verlags Friedrich Pustet

Guido Fuchs

Heiligabend

Ein Fest und seine Rituale

topos premium

Verlagsgemeinschaft topos plus
Butzon & Bercker, Kevelaer
Don Bosco, München
Echter, Würzburg
Matthias Grünewald Verlag, Ostfildern
Paulusverlag, Freiburg (Schweiz)
Verlag Friedrich Pustet, Regensburg
Tyrolia, Innsbruck

**Eine Initiative der
Verlagsgruppe engagement**

www.topos-taschenbuecher.de

Bibliografische Information der Deutschen Nationalbibliothek
Die Deutsche Nationalbibliothek verzeichnet diese Publikation in der
Deutschen Nationalbibliografie; detaillierte bibliografische Daten
sind im Internet über http://dnb.d-nb.de abrufbar.

ISBN: 978-3-8367-0033-7

Originalausgabe
2017 Verlagsgemeinschaft topos plus, Kevelaer
Das © und die inhaltliche Verantwortung liegen beim
Verlag Friedrich Pustet, Regensburg
Umschlagabbildung: © vicuschka/photocase.de
Einband- und Reihengestaltung: Finken & Bumiller, Stuttgart
Satz: SATZstudio Josef Pieper, Bedburg-Hau
Herstellung: Friedrich Pustet, Regensburg
Printed in Germany

Inhalt

II. Das Heiligabend-Ritual

III. Das inszenierte Fest

Vorwort

Die Familie feiert Weihnachten am Heiligen Abend, vor oder nach dem Weihnachtsgottesdienst (Christmette). Sie versammelt sich vor der Krippe, die das Geschehen der Heiligen Nacht darstellt, und um den Christbaum, der uns an den Baum des Lebens und an Christus als Licht der Welt erinnert. Der Vater liest das Evangelium von der Geburt des Herrn; Weihnachtslieder und Gebete, vor allem der ‚Engel des Herrn', lassen uns spüren, was der Grund des Feierns und der Geschenke ist: Gott hat uns seinen eigenen Sohn geschenkt."

Diese Beschreibung des Heiligabends im katholischen Gesangbuch „Gotteslob" von 1975 (GL 128) brachte mich vor einigen Jahren dazu, dem häuslichen Ritual einmal als Liturgiewissenschaftler nachzuspüren, denn es hat – vielfach bis heute erkennbar – eine gottesdienstliche Struktur und enthält Elemente, die in einer religiösen Andacht verwurzelt sind. Der Mangel an Schilderungen der Feier dieses Abends aus heutiger Zeit (Berichte, „wie's einstens war", gibt es zahlreiche) veranlasste mich zu einer Umfrage über Zeitungen und Rundfunksender und eine eigene Website mit konkreten Fragen zur Gestaltung dieser häuslichen Feier. Antworten kamen reichlich und flossen in das Buch „Heiligabend. Riten – Räume – Requisiten" ein, das 2002 erschienen ist. Für die Neuauflage fünfzehn Jahre später wurde diese Umfrage wiederholt, und erneut gab es zahlreiche Zusendungen.

Mit diesen mitunter sehr ausführlichen Antworten, dazu mit Stimmen aus vergangener Zeit (Erinnerungen, auch ältere Umfragen, die teilweise die 2. Hälfte des 19. Jahrhunderts noch lebendig werden lassen), sowie mit Schilderungen aus Romanen, Erzählungen etc. werden die einzelnen Rituale des Heiligabends, die in diesem Buch erläutert werden, gleichsam illustriert. Die jeweilige Herkunft wird dabei mit einem kleinen Symbol kenntlich gemacht:

▣ Antworten auf die Umfrage von 2001 / 2017 – auf vielfachen Wunsch der Absender ohne Namensnennung;

▣ Erinnerungen aus älterer Literatur – meist das 19. und die erste Hälfte des 20. Jahrhunderts betreffend; sie entstammen verschiedenen Büchern, in denen speziell die Erinnerungen an Weihnachten gesammelt wurden;

▣ Beschreibungen und Erinnerungen aus der belletristischen Literatur.

Eine besondere Rolle unter diesen literarischen „Illustrationen" nehmen die Schilderungen des Heiligabends in den Büchern von Walter Kempowski (1929–2007) ein. Die sechs autobiographisch gefärbten Romane zur Geschichte seiner Familie (Teil der neunbändigen „Deutschen Chronik" des Schriftstellers, zu der außer diesen Romanen auch noch drei Befragungsbücher gehören) umfassen den Zeitraum vom Anfang des 20. Jahrhunderts bis in die späten 1950er Jahre; der Heiligabend wird dabei in allen Büchern, der Zeit und den jeweiligen Umständen entsprechend, gefeiert und mitunter mehrmals beschrieben:
- „Aus großer Zeit" (Anfang des 20. Jh. bis Ende I. Weltkrieg)
- „Schöne Aussicht" (Die Zwanziger Jahre)
- „Tadellöser & Wolff" (Dreißiger Jahre und Kriegszeit)
- „Uns geht's ja noch gold" (Nachkriegszeit)
- „Ein Kapitel für sich" (Mehrjährige Gefängnisstrafe in den 1950er Jahren in der DDR)
- „Herzlich willkommen" (Zeit nach der Haftentlassung und beginnende Ausbildung Ende der 1950er Jahre)

Kempowski verstand es wie kaum ein anderer, solche familiären Szenen detailgetreu einzufangen und die Stimmung der jeweiligen Zeit lebendig werden zu lassen. Kurze Szenen aus den Heiligabend-Schilderungen dieser verschiedenen Bücher werden den einzelnen Kapiteln daher jeweils vorangestellt. Das Buch „Heiligabend. Riten – Räume – Requisiten" von 2002 war eine ausführliche Darstellung des auf einer alten Hausandacht beruhenden Heiligabend-Rituals. Das neu vorliegende Buch verzichtet auf Anmerkungen und einer liturgiewissenschaftlichen Darstellung – sie enthält hingegen mehr heutige Stimmen zur Gestaltung dieses Tages und kann damit auch Anregungen zur eigenen Feier geben. Bei den vielen Menschen, die sich an der Umfrage „Wie feiern Sie Heiligabend?" beteiligt haben und mir ihre Beschreibungen zukommen ließen, möchte ich mich herzlich bedanken.

Hildesheim, Juli 2017   Guido Fuchs

I.
Die Entstehung des „Heiligen Abends"

„Ja, ist denn schon Weihnachten?"

Wie Weihnachten vom 25. Dezember auf den 24. rutschte

Der 24. war ein Sonntag. So was hatte es ja noch nie gegeben. „In diesem Jahr ist auch alles verrückt."

Walter Kempowski, Tadellöser & Wolff

Inbegriff der deutschen Weihnacht ist der Heilige Abend einschließlich Glöckchenläuten, Bescherung unterm Tannenbaum und Würstchen mit Kartoffelsalat. Zwischen 16 und 22 Uhr findet unter deutschen Dächern am 24. Dezember das Fest statt, das in vielen anderen Ländern erst am 25. gefeiert wird – und dort, wo man einen Heiligen Abend kennt und begeht, ist er möglicherweise aus Deutschland importiert, denn er wurde hier „erfunden". Eine solche Eigendynamik hat die nachmittägliche oder abendliche Feier entwickelt, dass der 25. Dezember, der eigentliche Festtermin, fast schon zur Nachfeier degradiert erscheint, an dem man sich allenfalls von den Strapazen des Vortags erholt oder den obligatorischen Verwandtenbesuch abstattet.

Wie keine andere Feier ist der Heiligabend noch immer von festen Traditionen, Riten und Ritualen geprägt, die Erwartungen nach sich ziehen und Enttäuschungen produzieren, wenn diese nicht erfüllt werden. Dies trägt ebenso zum berühmten „Weihnachtsstress" bei wie der Umstand, dass am 24. Dezember, der ursprünglich ein Tag der Vorbereitung auf das Fest war, heute zugleich auch das Fest schon begangen wird. Und schließlich kommt hinzu, dass die noch vorhandenen religiösen Elemente des Rituals (Lieder, Gebete, Weihnachtsevangelium, Krippe) womöglich Unbehagen auslösen, denn außerhalb der Kirche sind religiöse Äußerungen bei uns fremd geworden.

Allein das Wort „Heiligabend" kann ganz bestimmte Assoziationen, Erinnerungen und Vorfreuden wecken. Dabei ist dieses Wort nicht eindeutig und schon gar nicht immer auf Weihnachten bezogen – zumindest früher nicht.

Heiligabend und andere Bezeichnungen

Heiligabend ist wie „Sonnabend" eine Bezeichnung, die zunächst den Vorabend eines auf diesen folgenden hohen kirchlichen Tages meint. Noch im 20. Jahrhundert war es mancherorts üblich, damit den Vortag eines Festes zu bezeichnen, wie es etwa in dem viel gelesenen Roman „Die Heiden von Kummerow" von Ehm Welk zum Ausdruck kommt, wenn es heißt: „Versündige dich nicht am Heiligabend von deines Sohnes Ehrentag" – gemeint ist hier der Samstag vor Palmsonntag, an dem der Junge konfirmiert wird. In Heinrich von Kleists „Käthchen von Heilbronn" spricht der Vater des Käthchens vom „Heiligen Abend vor Pfingsten". Heute wird unter dem Begriff aber ganz eindeutig der 24. Dezember verstanden.

Von der Bezeichnung zunächst für den Abend allein wird dann der Begriff auf den ganzen Tag bezogen – wie es auch bei „Sonnabend" zum Ausdruck kommt, der überwiegend in Norddeutschland verwendeten Bezeichnung für den Samstag. So wird denn auch der Abend des 24. bisweilen als „Heiligabend-Abend" bezeichnet …

Der „Heilige Abend" ist wohl entstanden in Anlehnung an die „heilige Nacht" (= „geweihte Nacht", „Weihnachten"). Als Bezeichnung für den ganzen 24. Dezember verbreitete sich „Heiligabend" spät, partiell erst in der ersten Hälfte des 20. Jahrhunderts. Sie ist nicht die einzige Bezeichnung: Andere Namen für diesen Abend (und Tag) sind „Christabend", was schon im Spätmittelalter als „Kristabent" begegnet. Diese Bezeichnung ist möglicherweise eher im protestantischen Gebrauch verbreitet; schon Martin Luther wählte diese Bezeichnung in einem Brief: „annahenden heiligen Christabend". Weitere Bezeichnungen waren (und sind) „Weihnachtsabend", „Christtagsabend", „Christkindchensabend". Weiterhin findet man die Bezeichnungen „Christbescherungstag" und „Festabend". Im Bayerischen sprach man auch vom „Mettenabend", was auf die mitternächtliche Christmette verweist, die den gottesdienstlichen Höhepunkt dieses Tages bildete. Einige in Norddeutschland früher verbreitete Bezeichnungen bezogen sich wiederum auf das reichhaltige Essen, das es (nach dem Besuch der Gottesdienste) an diesem Abend gab: „Dickbuuksabend", „Vullbuuksawend", „Dickfrätersabend" (Dickbauch-, Vollbauch- und Dickfresserabend).

Der Vorabend

Alle Formen eines besonderen Vorabends (Sonnabend, Niklausabend, Heiligabend) rühren letztlich von der jüdischen Praxis her, einen Tag von Abend bis Abend dauern zu lassen.

Bei den Israeliten gab es neben einem Beginn der Tage am Morgen auch eine kultische Festlegung des Feiertages und des Sabbats vom Abend des vorangegangenen Tages an. Sie hat sich mit der Zeit durchgesetzt und wurde auf alle Tage bezogen. Ihr entsprechen die Formulierungen „Nacht und Tag", „Abend und Morgen", wie sie im Alten Testament begegnen.

Die Dauer des Tages von Abend zu Abend hat sich nicht nur bei den Juden bis heute bewahrt, sie wurde auch – zumindest regional – von den Christen übernommen. Während es in den Kirchen des christlichen Ostens bis heute üblich ist, jeden Tag mit dem Vorabend zu beginnen, begann im Abendland der Volltag (wohl unter römischem Einfluss) um Mitternacht. Lediglich für den Sonntag wurde den Gläubigen der Beginn (und damit die Dauer und Heiligung) vom Vorabend an immer wieder eingeschärft: „Der Sonntag wird gehalten von Abend bis Abend." Diese Regel galt auch für die großen Feste, und so beginnen manche von ihnen bis heute kirchlich bereits am Vorabend, wie etwa Ostern (mit der Osternacht) oder Pfingsten – und eben auch Weihnachten.

Die vorabendliche und nächtliche kirchliche Feier nannte man Vigil, von lat. *vigiliae,* Nachtwache. Sie war aber schon bald keine (ganz)nächtliche Feier mehr, sondern auf den Abend begrenzt, rutschte dann sogar als eine nur noch besondere Messe auf den Morgen des Vortages. Der „Vigiltag", wie dieser Vortag eines großen Festes auch genannt wurde, behielt aber seine besondere Einschätzung, die sich auch durch Buße und Fasten ausdrückte. Das spielte auch für die Gestaltung des Heiligabends noch lange Zeit eine Rolle.

Als Vigiltag war der 24. Dezember nämlich seit dem Mittelalter bis in das 20. Jahrhundert hinein ein Fasten- und Abstinenztag; dies bedeutete neben der nur einmaligen Sättigung auch ein Verbot der Fleischspeisen. Die Beachtung dieses Fastens wurde den Gläubigen auch eingeschärft, etwa in den Gebet- und Gesangbüchern. Mitte des 20. Jahrhunderts wurde diese Einschränkung allmählich abgemildert; die „Bußstimmung" wich der freudigen Erwartung, Ende der 1950er Jahre wurde das Fastengebot vom 24. auf dem 23. vorverlegt. Auch dies war ein wichtiger Schritt auf dem Weg der erlebnismäßigen Vorverlegung des Weihnachtsfestes vom 25. auf den 24. Dezember.

Denn vielfach wird heute der 24. bereits als Weihnachten gesehen. Nicht nur für die Kinder ist der Tag, an dem sie die Geschenke erhalten, der eigentliche Festtag. „Einmal werden wir noch wach, heißa, dann ist Weihnachtstag!", heißt es im Lied „Morgen, Kinder, wird's was geben", und aus dem Kontext ergibt sich, dass diese Zeilen am 23. Dezember gesungen werden. Sogar Weihnachtskarten gibt es, die als Bild lediglich „24." zeigen – und auch die Türchen der meisten Adventskalender reichen eben nur bis zu diesem Datum. Umso überraschter sind manche Menschen, wenn sie hören, dass Weihnachten am 25. Dezember ist.

Das Datum der Geburt Jesu

Über das Datum der Geburt Jesu wissen wir nichts. Aus biblischen Zeitangaben – vor allem des Lukasevangeliums – wurde schon im Altertum versucht, den Tag der Geburt zu berechnen: Die Nacht zum achten Tag der Kalenden des Januars (= 25. Dezember) hat auch kosmisch-symbolische Bedeutung (Nähe zur Wintersonnwende), bleibt aber als tatsächlicher Geburts-Tag spekulativ. Weihnachten ist ein sehr altes, aber keineswegs das älteste christliche Fest. Wir wissen über seine Entstehung und erstmalige Feier nicht genau Bescheid, es wird aber mit kalendarischen Belegen davon ausgegangen, dass es in Rom am 25. Dezember spätestens in der 1. Hälfte des 4. Jahrhunderts begangen wurde. Das waren immerhin rund 300 Jahre nach dem Tod Jesu – ein lange Zeit! Bis dahin hatten die Christen vor allem den Sonntag gefeiert, als den ersten Tag der damaligen Arbeitswoche, an dem nach den Berichten des Neuen Testaments Christus von den Toten erstanden ist. Und einmal im Jahr wurde an einem Tag das Gedächtnis des Todes und der Auferstehung Christi – Ostern – gefeiert. Daneben gab es nur noch die Gedenktage der für den christlichen Glauben gestorbenen Märtyrer. Erst im 4. Jahrhundert entstanden Feiern und Feste, die das übrige Leben Jesu, auch seine Geburt und Kindheit, in den Blick nahmen; sie wurden zunächst im Heiligen Land und in Jerusalem begangen. Das hing auch mit der veränderten Situation der Kirche zusammen und mit der neuen Freiheit, die ihr durch Kaiser Konstantin gegeben war.

Dass das Weihnachtsfest allem Anschein nach aber wohl in Rom entstand, hatte gute Gründe: Möglicherweise wurde damit auf das Fest *natalis solis invicti*, der Geburt des unbesiegbaren Sonnengottes, reagiert, das der römische Kaiser Aurelian im Jahr 275 als Feiertag verfügt hatte. So wurde die Geburt Christi als *natalis solis iustitiae* verstanden, als Geburt der „Sonne der Gerechtigkeit", ein Begriff, der von dem Propheten Maleachi geprägt wurde (Mal 3,20): „Für euch aber, die ihr meinen Namen fürchtet, wird die Sonne der Gerechtigkeit aufgehen, und ihre Flügel bringen Heilung." Begeistert wurde dieses Bild Christi als der wahren Sonne dem damaligen Sonnenkult entgegengehalten – nicht nur im Zusammenhang des Weihnachtsfestes, sondern auch hinsichtlich der Übernahme der römischen Bezeichnung „Tag der Sonne" (Sonntag) für den ersten Tag der Woche. Von Rom aus verbreitete sich das neue Fest sehr rasch. Das ist zu einer Zeit, die kirchlich noch nicht zentral organisiert war wie heute, nicht selbstverständlich.

Die Feier selbst bestand in einem Gottesdienst, der am Vormittag des 25. Dezembers gefeiert wurde. Über eine wie auch immer geartete private Feier außerhalb dieses Gottesdienstes wissen wir nichts. Und es sollte noch einige Zeit dauern, bis dann auch die Nacht vom 24. auf den 25. Dezember stärker in den Blick kam.

Vom Tag in die Nacht

Nicht nur in Rom, auch in Jerusalem hatte man schon Ende des 4. Jahrhunderts das Geburtsfest Jesu gefeiert, allerdings am 6. Januar. Und wie es hier auch sonst möglich und üblich war, versuchte man, dies passend zu den biblischen Angaben zu tun, also direkt vor Ort und entsprechend der Zeit. So zog man am Abend des 5. Januars von Jerusalem zu den Hirtenfeldern östlich von Betlehem und feierte einen Wortgottesdienst, in dem das Evangelium von der Verkündigung der Engel an die Hirten im Mittelpunkt stand. Anschließend folgte ein Vigilgottesdienst in der Geburtskirche, in der das Evangelium vom Kommen der drei Weisen gelesen wurde, und schließlich die Eucharistiefeier. Noch in derselben Nacht zog man dann wieder zurück nach Jerusalem.

Den Bau dieser Geburtskirche hatte Kaiser Konstantin im 4. Jahrhundert begonnen. Sie ist über der Stelle errichtet, die als Ort der Geburt schon länger überliefert wurde: eine Höhle, von der es in der felsigen Landschaft des jüdischen Berglandes südlich von Jerusalem zahlreiche gab und die schon in neutestamentlicher Zeit von den Hirten gern als Unterkunft für das Vieh genutzt wurden. In dieser Geburtshöhle verehrte man eine Krippe – vielleicht einen zunächst mit Lehm ausgeformten Felstrog –, die im 4. Jahrhundert durch eine silberne Krippe ersetzt wurde.

Von Jerusalem nach Rom und in die Welt

Das Vorbild Jerusalems in liturgischen Dingen war damals groß – nicht zuletzt der vielen Pilger wegen, die nach der durch Kaiser Konstantin herbeigeführten Freiheit der Kirche die Stätten des Glaubens eifrig besuchten und zur Verbreitung der dortigen Feierformen beitrugen. So wurde der nächtliche Weihnachtsgottesdienst nach dem Vorbild Jerusalems auch in Rom üblich; allerdings feierte man ihn hier in der Nacht vom 24. auf den 25. Dezember. Und wie die Jerusalemer Gemeinde nach Betlehem ging, so zogen in Rom der Papst und die Gemeinde zu der umgebauten Liberius-Basilika, die inzwischen den Namen der Gottesmutter trug. In der Krypta dieser Kirche wurde eine Nachbildung der Geburtskrippe aufbewahrt. Für Rom war also die Geburtshöhle in Santa Maria Maggiore (oder Maria ad praesepem, wie man wegen der Krippe – lat. *praesepe* – auch sagte). Der dortige nächtliche Gottesdienst, bei dem man gleichsam passend zu Zeit und Ort aus dem Lukasevangelium las, wo von der Verkündigung an die Hirten und deren nächtlichem Gang zur Krippe berichtet wird, ist bereits für das 6. Jahrhundert belegt. Noch in der Nacht zog man zurück zur Peterskirche, wo am Vormittag des 25. Dezembers die eigentliche und ursprüngliche Festmesse gefeiert wurde. Diese mitternächtliche Feier stellt den Ursprung unserer heutigen „Christmette" dar, die wiederum die Gestaltung des „Heiligabends" stark prägen sollte.

Das Wort „Mette" ist die Eindeutschung des aus dem Lateinischen stammenden „Matutin" – ein nächtlicher Gebetsgottesdienst, der im Laufe der Zeit dieser mitternächtlichen Messfeier vorangestellt wurde und ihr dann später sogar den Namen lieh: Christmette.

Es sei der Vollständigkeit halber noch erwähnt, dass im Laufe des 6. Jahrhunderts in Rom noch ein dritter Gottesdienst dazukam, den der Papst am frühen Morgen zu Ehren der Märtyrin Anastasia feierte, die bei den in Rom residierenden Byzantinern sehr verehrt wurde. Sehr bald schon erhielt diese Messe aber auch weihnachtliche Texte und wurde neben dem Gottesdienst in der Nacht und dem am Tag zur 3. Weihnachtsmesse am frühen Morgen. „Christmette" (oder „Engelamt") – „Hirtenamt" – „Hochamt" hießen diese drei Gottesdienste, die sich mit der Zeit von Rom aus auch in allen Gemeinden verbreiteten, bei den Gläubigen.

Von der Weihe-Nacht zum Heiligen Abend

Vor allem der nächtliche Weihnachtsgottesdienst, die Christmette, erfreute sich später beim Volk allgemeiner Beliebtheit. Die Feierfreude konnte dabei jedoch auch in Übermut und Überschwang umkippen und die Vorfreude entsprechend überschäumen. Schon aus der Zeit vor der Reformation gibt es Berichte über das Tanzen, Lärmen und Herumtoben des Volkes vor dem nächtlichen Gottesdienst, aber auch während seiner Feier. Viele Gottesdienstbesucher waren alkoholisiert, weil sie sich in Wirtshäusern oder zu Hause die Zeit bis zur Mette mit Trinken vertrieben. Denn obwohl die kirchlichen Feiern im Mittelpunkt standen, setzte das Fest um sie herum Ausdrucksformen an, die nicht immer mit den Gottesdiensten in Einklang zu bringen waren.

Auch die Dunkelheit, in der man sich auf den oft langen Weg zur „Mette" machte, die leerstehenden Häuser, die zu Einbruch und Diebstahl einluden, bildeten eine Beschwernis und Gefahr. Deswegen begann man ab der Zeit der Reformation, diesen nächtlichen Gottesdienst zu verlegen – entweder nach vorn auf den frühen Morgen des 25. Dezembers oder nach hinten auf den Nachmittag/Abend des 24. Dezembers. Den frühmorgendlichen nannte man Mette, gestaltete ihn aber nicht als Messe, sondern als frühmorgendliche Form des Tagzeitengebetes, als Matutin, wie sie Martin Luther in seiner Schrift „Von der Ordnung des Gottesdiensts in der Gemeinde" auch schon 1523 vorgeschlagen hat. In einer Kirchenordnung von 1543 (Pfalz-Neuburg) heißt es: „Die Mette in der Christnacht soll nicht mehr um Mitternacht, sondern allerlei Gefahr zu vermeiden, erst um vier Uhr nach Mitternacht gehalten werden." Diese Zeit wurde vielerorts üblich. Gelegentlich wich man auch von der Mettenform ab und gestaltete den Gottesdienst freier mit vielen Liedern und Gesängen.

Doch auch trotz dieser frühen Morgenstunde kam es noch häufig zu Umtriebigkeiten. Über einen Gottesdienst in der Christnacht um 4 Uhr in Zellerfeld klagte man 1784 in einer Zeitschrift: „... der ruchlosere Theil der Bergleute pflegte sich mit Branntwein und Honigkuchen diese Nacht gütlich zu thun. So vorbereitet, betrunken und taumelnd kamen denn viele zur Kirche, die meisten aus fremden Gemeinen. Schändlicher Unfug und Lärm, auch wohl in den abgelegnen Winkeln der Kirche Tabakrauchen und Trinken machten diesen Gottesdienst zum Skandal."

Anders war es mit dem Gottesdienst am Nachmittag bzw. frühen Abend des 24. Dezembers. So wurde wegen des Umtriebes in der Nacht seitens des preußischen Königs am 18. Dezember 1711 folgende Verfügung erlassen: „Weil mit denen Lichter-Cronen auf dem Christabend viel Gaukeley, Kinder-Spiel und Tumult getrieben wird, als befehlen wir Euch hiermit nicht allein solche Christ- und Lichterkronen gäntzlich abzuschaffen, sondern auch, die Christ-Metten nicht des Abends, sondern des nachmittags um 3 Uhr zu halten."

Entsprechend der Uhrzeit wurde dieser nachmittägliche bzw. abendliche Gottesdienst „Christvesper" (lat. *vesper* = Abend) genannt. Zu der Christvesper gehören auch (bis in die Reformationszeit zurückreichend) die Lesung der alttestamentlichen Prophetien sowie das Evangelium von der Geburt des Herrn aus dem Lukasevangelium, Lk 2,1–20, das „Weihnachtsevangelium". Das ist insofern wichtig, als hier eine Nahtstelle zur häuslichen Feier am

Heiligabend zu finden ist, denn dieser Text spielt(e) ja auch hier eine wichtige Rolle.

So hat sich im evangelischen Bereich die Feier der Heiligen Nacht zur Feier eines Gottesdienstes am Spätnachmittag/Abend gewandelt, der unter relativ großer Teilnahme von Erwachsenen und Kindern gefeiert wird. Seit etlichen Jahren finden aber auch vermehrt wieder nächtliche Gottesdienste statt, die aber eher meditativen Charakter haben. Und auch die frühmorgendliche Mette erfreut sich in manchen Städten noch großer Wertschätzung – wie etwa in Dresden dank ihrer besonderen musikalischen Gestaltung durch den Kreuzchor.

So wurde bereits der 24. Dezember zum Tag des ersten weihnachtlichen Gottesdienstes, was bis zur Reformation – und in der katholischen Kirche noch bis Mitte des 20. Jahrhunderts – nicht möglich war, obwohl auch in katholischen Gebieten der nächtliche Gottesdienst Probleme machte. Der Pfarrer von Justingen (Württemberg) schilderte im Jahr 1804 brieflich die Zustände, wie sie sich – wohl nicht nur bei ihm – eingebürgert hatten: Die Leute warten bis Mitternacht bei Bier und Branntwein in den Häusern, treiben Schwärmerei und Aberglauben, um dann „ganz erhitzet ohn aller Andacht und Frömmigkeit zur Kirche hin zu schwärmen". Allerdings gab es in der katholischen Kirche nicht die Möglichkeit, die Mitternachtsmesse bereits auf den Abend vorzuziehen, da Messfeiern nach 12 Uhr mittags verboten waren. Vielfach wurde sie daher – vor allem seit der Zeit der Aufklärung – in die ganz frühen Morgenstunden des 25. Dezembers verlegt. Die beiden anderen Messen (Hirtenamt und Hochamt) schlossen sich dann mancherorts unmittelbar an, viele Gläubige besuchten alle drei Weihnachtsmessen hintereinander.

Das Verrücken der Christmette/Messe auf den Abend bzw. späten Nachmittag des 24. Dezembers blieb auf katholischer Seite dem späten 20. Jahrhundert vorbehalten, als auch die Vorabendmesse entstand und in vielen Gemeinden einen festen Platz im Gottesdienstplan bekam.

📖 Die Vorabendmesse, als Uchte (= Mette) gedacht, war dieses Jahr um 19.30 Uhr, die Frühmesse am ersten Festtag 7 Uhr früh, das Hochamt um 9.30 Uhr. In früheren Jahren war die Uchte in den Städten um 12 Uhr Mitternacht, (in den) Dörfern um 5 Uhr morgens. Ihr schloss sich die Frühmesse an, das Hochamt war 9.30 Uhr. *(Sauermann, Westfalen)*

In der Kindheit des Schriftstellers *Stefan Andres* (* 1906) wurde auch erst am Morgen des 25. Dezembers gefeiert:

🐛 Den Heiligabend feierten wir nicht. Wir gingen eher ein wenig früher zu Bett, um morgens in aller Frühe, ich glaube bereits um vier Uhr, aufzustehen. Falls uns das erste Läuten noch nicht geweckt hatte, hörten wir auf jeden Fall den Vater, der unten vor der Treppe stand und sang. Denn während er sonst nur mit den Knöcheln auf einen der Holztritte klopfte, erhob er an diesem Morgen seine kraftvolle Stimme, und wir saßen in den Betten, rieben die Augen und lauschten. *(Moselweihnacht)*

Daneben aber wurde es schon bald nach dem II. Vatikanischen Konzil in den 1960er Jahren auch üblich, am Nachmittag des 24. Dezembers sogenannte Kinderchristmetten zu feiern. Nicht selten handelt(e) es sich bei diesen Kinderchristmetten auch um Messfeiern; in ihnen werden dann auch die Texte der Messe in der Nacht – zumindest der Abschnitt des Lukasevangeliums – verwendet. Die Gestaltung der Kinderchristmette als Messe gab und gibt auch den Erwachsenen die Möglichkeit, damit der „Feiertagspflicht" zu genügen.

Mit dem Besuch des nachmittäglichen Gottesdienstes – sei er als Christvesper oder als Kinderchristmette gestaltet – ist für viele Menschen Weihnachten gottesdienstlich am 24. Dezember bereits „abgefeiert". Man kann sich nun ganz der (meist) familiären Feier am Abend dieses Tages hingeben, sie bildet gewissermaßen das Ziel und den Höhepunkt des Festes: „Die ganze weltberühmte, gefühlsbetonte deutsche Weihnacht mit ihrer winterlichen Romantik, mit Christbaum und leuchtenden Kinderaugen, mit Glühwein und Plätzchen, mit Rauschgoldengel und ‚Stille Nacht, heilige Nacht …' kreist letztlich um diese Stunden des Heiligen Abends" (Dominik Daschner). Das führt auch dazu, dass man den eigentlichen Festtag bereits als Nachfeier empfindet.

✉ Trennung von religiösem Inhalt (am 24. 12.) und weltlichem (am 25. 12.). Am 25. 12. gibt es die Geschenke, einen guten Schmaus als warmes Essen etc.

Wie aber kam es vom kirchlichen Gottesdienst am Nachmittag/ Abend des 24. Dezembers zur familiären Heiligabendfeier?

„Weihnachten ist doch das Fest der Familie!" –
Wie der Heiligabend in die Familie kam

> Ob wir nachher noch mal ein bißchen zu Subjella gingen,
> was hielte ich davon?
> „Nun heute doch nicht, Kinder!" rief meine Mutter. Wir
> sollten man hier bleiben, sonst wäre es doch zu und zu
> trostlos. Außerdem säße der gewiß jetzt auch bei seiner
> Mutter und leiste ihr Gesellschaft. In dieser schweren Zeit.
> Weihnachten sei doch das Fest der Familie.
>
> *Walter Kempowski, Uns geht's ja noch gold*

Die familiäre Betonung des Weihnachtsfestes, vor allem die Gestaltung des Heiligabends als Familienfest war nicht von Anfang an gegeben, sondern bildet sich erst in den letzten zwei bis drei Jahrhunderten heraus. Natürlich hat Weihnachten als hohes kirchliches Fest die Gläubigen auch immer in ihrem privaten Leben berührt; eine häusliche Feier beschränkte sich aber Jahrhunderte lang auf ein mehr oder weniger üppiges Mahl, auf das private, häusliche Gebet, das ohnehin zum Alltagsleben gehörte, auf Mildtätigkeit gegenüber den Armen. Wie schon dargestellt, hatte der Heilige Abend ohnedies lange Zeit zumindest in katholischen Gegenden den Charakter des vorbereitenden Tages, an dem lange gearbeitet und sogar gefastet wurde, was eine familiäre „Feier" gar nicht in Betracht kommen ließ.

Eine aufschlussreiche Beschreibung der familiären Weihnachtsfeier im 16. Jahrhundert gibt eine Chronik, die der Kölner Ratsherr und Kaufmann Hermann Weinsberg (1519–1597) verfasst hat. Demnach war die eigentliche Feier erst am Weihnachtstag; sie bestand aus dem Besuch des Gottesdienstes und der „hochzît", der Kommunion. Zuhause pflegte er mit Familie und Gesinde den Brauch des Kindleinwiegens: „Das Christfest ... zu St. Jakob gehalten und am Abend im Haus Weinsberg unter uns das Kindchen gewieget, gesungen und mit Jesulein fröhlich gewesen."

Erscheint uns heute die häuslich-familiäre Feier des Heiligabends auch noch weitgehend als typisch, so darf doch nicht übersehen werden, dass eine ausgeprägte Feier des Heiligen Abends in den Familien bzw. Häusern gegenüber der weihnachtlichen Gottesdienste in der Gemeinde – auch am 24. 12. – nachranging ist, weil historisch vor der familiären Feier sogar noch diejenige der Gruppen (z. B. Zünfte) stand (die bis heute in den „Weihnachtsfeiern" der Betriebe und Firmen nachklingt).

Später Rückzug auf die Familie

Eigentlich erst im 18., vor allem im 19. Jahrhundert etabliert sich die bürgerliche, familiäre Neuformung des Weihnachtsfestes und des Heiligen Abends. Räumlich drückt sich das durch die Ausgestaltung der Privatsphäre aus: Weihnachten wird im Kern zuhause gefeiert und womöglich in einem besonderen „Weihnachtszimmer". Das Fest wird vom starken familiären Akzent geprägt, der Bezug zum öffentlichen Leben „erstirbt", die Privatsphäre gilt – bis heute – als besonders geschützt.

📧 Die engsten Freunde werden angerufen. Für die Feier wird der Hörer nebendran gelegt. Später wieder drauf.

Sozial durch die Familienzentrierung und Pädagogisierung: Es sind überwiegend die engsten Familienmitglieder, die Anteil an dieser Feier erhalten, selbst Angestellte blieben früher (nach einem allgemeinen Teil) von dem entscheidenden Moment des Heiligabend weitgehend ausgeschlossen.

🐚 Aber vorher stiegen wir, Vater und Mutter, Schwester und ich, in die Beletage zur Familie B. empor, die die hübsche Sitte pflegte, vor ihrer Familienfeier eine kleinere Vorfeier für die Abwartsleute und die Dienstboten und ein paar befreundete Musiker zu begehen. *(Edwin Arnet, Der weihnachtliche Knabe)*

Die familiäre Feier ist auch der Ort und die Zeit, wo und in der die Kinder, eingestimmt schon die Adventszeit über, vor der Bescherung durch Aufsagen von Gebeten, Sprüchen, durch Vorspielen und -singen eine Leistung erbringen und sich die Zuwendung der Eltern gleichsam verdienen. Die geforderten bürgerlichen Tugenden trafen sich mit einer christlichen Grundhaltung (Nächstenliebe, Dankbarkeit, Frömmigkeit), kamen und kommen aber auch ohne diese aus.

Die Übernahme dieses gehoben-bürgerlich-familiären Weihnachtsrituals durch Familien, die anderen, sozial tieferen Schichten zugehören („gesunkenes Kulturgut"), sowie seine allgemeine Verbreitung drückte sich auch in Einzelheiten aus. Bis heute werden die familiären Grundmuster des Heiligen Abends (Essen, Bescherung, Baum, Lieder etc.) zum Teil auch dort verwendet, wo die Feier auch ohne kirchliche und christliche Bezüge gestaltet wird, wie es früher etwa bei vielen jüdischen Familien der Fall war und es sich bis heute auch noch in vielen nicht-religiös geprägten Häusern in Deutschland zeigt.

Der Rückzug auf die Familie trägt wesentlich zur Identität der Familie bei. Denn obwohl der Heilige Abend in weiten Kreisen übereinstimmende Grundmuster aufweist, weicht er doch bei näherem Hinsehen in jeder Familie auf typische Weise von der Gestaltung in anderen Familien ab. In diesem Sinne erleben und feiern Familien am Heiligen Abend auch sich selbst als Familie. Reibungslose Rituale schaffen Zufriedenheit, garantieren so auch die Identität und den Bestand der Familie. In *Heinrich Bölls* Satire *„Nicht nur zur Weihnachtszeit"* wird durch das täglich gleiche Ritual einer Heiligabendfeier – auch im Sommer, schließlich sogar mit Schaufensterpuppen als Ersatz für Familienmitglieder – die krankhafte Angst einer Tante vor dem Ende des Festes beruhigt und damit der weihnachtliche „Friede" einer Familie gewahrt. Umgekehrt schafft die familiäre Identifizierung über bestimmte, so und nicht anders ablaufende Rituale auch Reibungen bei Heirat und Neugründung einer eigenen Familie, in die unterschiedliche Rituale einfließen.

Heiligabend ohne familiären Bezugspunkt wird – an diesem Tag und auch schon davor – häufig als sehr schmerzlich empfunden. Das gilt für Alleinstehende, für Menschen, die einen Todesfall zu beklagen hatten, aber auch für manche kinderlosen Paare. Andere Menschen wiederum, die eine nur an diesem Abend heile Familienwelt als falsch und aufgesetzt erfahren, fliehen oft diese Feier. Die Bedeutung des Heiligabends für die Familie – ja sogar für das ganze „Haus" – zeigt sich auch in dem Brauch, an diesem Tag die Gräber zu besuchen, sowie in der Einbeziehung der Tiere und der Pflanzen in die Bescherung. Ich erinnere mich in dem Zusammenhang an eine alleinstehende ältere Dame in unserem Haus, die wir als junge Familie an Heiligabend einladen wollten. Sie aber wollte an diesem Abend im Kreis ihrer verstorbenen Lieben bleiben, deren Bilder sie aufgestellt hatte.

Die „Bescherung" als Motor

Die Verknüpfung des Heiligen Abends mit der Familie wurde nicht unmaßgeblich durch die Bescherung der Kinder beeinflusst. Allerdings fand auch die zunächst nicht am Abend des 24. 12., sondern am frühen Morgen des 25. 12. statt und wurde im Laufe der Zeit immer weiter vorverlegt. Es kommen dabei mehrere und verschiedene Gründe für diese Vorverlegung der Bescherung auf den Heiligen Abend zusammen: Ein nicht zu unterschätzender Grund mag gewesen sein, dass man aus Rücksicht auf die Kinder, die die Spannung nicht ertragen haben, den Termin nach vorne schob. In der Zeit des Biedermeier, der ersten Hälfte des 19. Jahrhunderts, etablierte sich der Heilige Abend als Beschertermin für Kinder und machte, dass das ganze Weihnachtsfest zum Bescherfest für Kinder wird, – ja „recht eigentlich das Kinderfest ist", wie schon *Friedrich Schleiermacher* in seiner 1806 erschienenen Novelle „*Die Weihnachtsfeier*" sagen lässt.

Dahinter steht soziologisch die große Veränderung, die das 19. Jahrhundert für die Familie und besonders auch für die Frau mit sich brachte. Die vielfältigen Funktionen einer Hausmutter innerhalb einer großen Haushaltsfamilie reduzierten sich beim Aufkommen der bürgerlichen Klein- und Kernfamilie auf die zunächst weit geringeren Pflichten der Nur-Hausfrau und Mutter. Das führte letztlich dazu, dass die Frauen ihre ganzen Kräfte auf die Ausgestaltung der familiären Innenwelt verwandten und sie als Gegenpol zur männlichen (außerhäusigen) Berufswelt gestalteten. Zudem wuchs der Eigenbereich der Kinder, die zunehmend als eigene Persönlichkeiten wahrgenommen wurden. „Dies geordnete glückliche Familienleben mit Wohnzimmer und Kinderstube bereitete auch einer neuen Schenkkultur den Boden" (Weber-Kellermann, Weihnachtsfest). Dies betraf zunächst nur die mittleren und gehobeneren Schichten, doch sie lieferten für die kommende Zeit das Vorbild für die anderen. Spätestens im 19. Jahrhundert ist damit weitgehend die Verlagerung des Weihnachtsfestes von der Kirche hin zur Familie geschehen, wobei kirchlich-liturgische Elemente auch in der familiären Feier eine wesentliche Rolle spielten.

„Andacht in reichster Form" –
Wie die familiäre Heiligabendfeier entstand

Hat man genug vom Früchtebrot gegessen ..., dann werden die beiden Mädchen hereingeholt, Lisbeth und Lene, und die endlose Andacht wird gehalten, die Andacht in *reichster* Form – „Amen, amen, amen!" Das Lukas-Evangelium, das man doch gerade in der Kirche hörte, wird gelesen, von aller Welt also, die sich schätzen ließ, und daß dies die allererste Schätzung im Lande gewesen sei zu einer Zeit, da Cyrenius Landpfleger war, und der Alten und Kranken wird gedacht. Wobei dem Vater die Tränen kommen, die Familientränen, so daß die Andacht einen Aufschub erfährt, was nicht zu ändern ist.

Walter Kempowski, Aus großer Zeit

Für die Bedeutung des Weihnachtsfestes als familiärer Feier-Höhepunkt spielte auch die „Wiederentdeckung" der Familie und ihre Förderung seitens kirchlicher Kreise in der Mitte des 19. Jahrhunderts eine wichtige Rolle. Die Sorge um die Familie war im 19. Jahrhundert stark ausgeprägt. Emanzipationsbestrebungen von Frauen und Kindern auch im Zuge der industriellen Revolution, die ein Auseinanderfallen von Arbeit und Familie mit sich brachte, die sich abzeichnende Isolierung der Kleinfamilie: All das wurde von verschiedenen Seiten sehr kritisch gesehen und auch durchaus als Bedrohung bestehender Verhältnisse erachtet. Katholischerseits kann man an die von Kanada Mitte des 19. Jahrhunderts ausgehende Frömmigkeitsbewegung denken, in welcher die Heilige Familie (Jesus, Maria, Joseph) als Vorbild für die christliche Familie gesehen und gefördert wurde. Bezeichnenderweise wurde dieses Fest im Umfeld von Weihnachten etabliert und – je mehr gleichzeitig Weihnachten zum „Fest der Familie" wurde – mit der Zeit auch immer näher an das Weihnachtsfest herangerückt (in der katholische Kirche heute am Sonntag nach Weihnachten gefeiert).

Evangelischerseits wurde seitens der Erweckungsbewegung und vor allem der Inneren Mission die Familie wieder stark in den Mittelpunkt der Pastoral angesiedelt: „Die Wiederherstellung der Familien und Hausstände in jeder Beziehung und die Erneuerung und Wiedergeburt aller damit unmittelbar zu verknüpfenden Verhältnisse ... wird eine der Hauptaufgaben der inneren Mission sein", schrieb Johann Hinrich Wichern in einer Schrift 1849. Wichtig nicht zuletzt auch für die Verbreitung der adventlichen und weihnachtlichen häuslichen Feierformen war, dass die Innere Mission, ausgehend vom „Rauhen Haus", vorwiegend vom gebildeten Mittelstand und auch vom Adel unterstützt und mitgetragen wurde.

Formen, die dieses Anliegen unterstützen konnten, waren neben der praktizierten Liebestätigkeit auch die weitere Stärkung gottesdienstlichen Feierns im Haus. Dies führte zu einer großen Zahl an Haus- und Andachtsbüchern, die auch den Heiligen Abend nicht außer Acht ließen.

Die Familie als kleine Kirche: Die evangelische Hausandacht

Solche Haus- und Andachtsbücher entstanden auf evangelischer Seite freilich schon früher; seit der Reformation wird die Vorstellung des „Hauses", wie sie in der Antike gegeben war, und die Vorstellung eines allgemeinen Priestertums wieder besonders ausgebildet und führt auch zu entsprechenden Formen. Vater und auch Mutter werden als „Haus-Bischöfe" oder „Haus-Prediger" bezeichnet, insbesondere der Hausvater hat die Pflicht, die Hausangehörigen – d. h. auch das Gesinde – morgens, mittags und abends zu versammeln und mit ihnen zu beten, sie auch regelmäßig im Katechismus unterweisen.

Zeugnisse für solche Hausandachten gibt es zwar zunächst überwiegend von Fürstenhöfen, es steht aber außer Zweifel, dass sie auch bei den Bürgern gehalten wurden, zumal sie teilweise von den Kirchenordnungen sogar verlangt wurden. Eine reiche Literatur an Erbauungsschriften, Gesangbüchern und Haus-Postillen förderte mit der Zeit die oft täglichen häuslichen Morgen- und Abendandachten bis in das 20. Jahrhundert hinein. Oftmals waren die Texte, Gebete und Gesänge für bestimmte Tage, Wochen und Zeiten so geordnet, dass sich das Kirchenjahr mit seinen Festen im Haus widerspiegelte.

Diese Hausandachten besaßen einen feststehenden liturgischen Ablauf, waren mit ihren Gebeten, Schriftlesungen und Gesängen ein kleiner, wenn auch einfacher Gottesdienst. Sie konnten so den kirchlichen Gottesdienst vorbereiten, ergänzen, aber auch notfalls ersetzen. In seinem 1833 erstmals herausgegebenen und schnell verbreiteten „Allgemeinen evangelischen Gebet- und Gesangbuch" schrieb Christian Carl Josias Bunsen, dass die häusliche und kirchliche Andacht nach evangelischen Begriffen keineswegs scharf getrennt seien, da jeder Christ Priester sei und jeder christliche Hausvater für die häusliche Erbauung das Amt des Geistlichen für die Seinigen zu verwalten habe: „Aus dem Allem ergiebt es sich nun schon ganz von selbst, daß es des Hausvaters Aufgabe ist, den gemeinsamen Hausgottesdienst zu leiten. Denn er ist Hauspriester schon in seiner Eigenschaft als Haupt des Hauses; das ist seine höchste Ehre, die sich keiner rauben lassen sollte. Nur wenn er verhindert ist, trete die Hausmutter an seine Stelle ein."

Vor allem der Theologe und Pädagoge Johann Hinrich Wichern bemühte sich nach Kräften, die Hausandacht in den Familien zu installieren. Eine vorbildliche Rolle nahmen die täglichen Gottesdienste in dem von Wichern gegründeten Rauhen Haus in Hamburg ein – eine Anstalt „zur Rettung verwahrloster und schwer erziehbarer Kinder". Diese Andachten konnten in vollständiger Form etwa eine Stunde umfassen, in kürzerer Form ca. 15 bis 20 Minuten. Als Grundlage dieser Gottesdienste diente das genannte Gesangbuch von Bunsen.

Der tägliche Hausgottesdienst sollte den christlichen Geist in der Familie fördern und stärken – in „schlichter Form" mit Lied,

Lesung (mit Auslegung) und Gebet, aber auch in „reicherer Form".
So natürlich auch am Heiligen Abend. Die Andachtsbücher boten
häufig auch einen Vorschlag zur Gestaltung des Heiligen Abends
mit Liedern, Schriftlesung(en) und Auslegung, Gebeten. In seinem
„Christlichen Hausbuch" von 1941 schlägt Walter Lotz folgenden
Ablauf vor (nach der Rückkehr aus der Christvesper):
- Lied (aus dem Quempasheft oder Gesangbuch)
- Aufsagen der Bibelworte durch die Kinder
- Weihnachtsspruch des Vaters: „Dank sagen wir alle ..."
- Glorialied
- Weihnachtsevangelium, unterbrochen von geeigneten Liedern
- Überleitung zum Auspacken der Geschenke
  Lied als Abschluss des Abends

Weihnachtsevangelium, Lieder, Gebete, das Aufsagen von Texten
durch die Kinder, Auspacken der Geschenke: Die familiäre Heiligabend-Feier in ihren bis heute vielfach noch erhaltenen Grund-
elementen lässt sich in dieser Form der evangelischen häuslichen
Andacht deutlich erkennen. Wie aber sah dies auf katholischer
Seite aus?

**Mit Rosenkranz und „Engel des Herrn": die katholische
Hausandacht am 24. Dezember**

Auch auf katholischer Seite ist eine Form häuslicher Andacht gepflegt worden, wenngleich sie nie den Stellenwert erhielt, den diese in der evangelischen Tradition hatte. Das hat auch mit der Einschätzung der Andacht zu tun, die eher dem Bereich der Privat-
frömmigkeit zugeordnet wird. Denn den Familien wurde vor allem
die Mitfeier der täglichen Messe in der Kirche ans Herz gelegt.
    Formen des katholischen häuslichen Gottesdienstes, die heute
weitgehend verloren gegangen scheinen, waren das gemeinsame
Gebet am Morgen, Abend und vor dem Essen – etwa in Form des
Angelus („Engel des Herrn") –, das gemeinsame Rosenkranzgebet,

gemeinsame Andachten, z. B. im „Marienmonat" Mai vor einem geschmückten Marienaltärchen und zu anderen Gelegenheiten, Segnungen zu verschiedenen Anlässen (z. B. Haussegnung). Aber auch das Studium der Schrift (obgleich bei manchen Katholiken verpönt) bzw. das (gemeinsame) Lesen „guter" christlicher Literatur gehört hierher. Auch katholischerseits war das Haus als „Kirche im Kleinen" ein Ideal, das verbreitet wurde: „Vater und Mutter verwalten das Hauspriestertum. Sie sollen Christus und die Kirche zur Darstellung bringen", schrieb der Freiburger Pastoraltheologe Linus Bopp 1936.

Eine ähnlich entfaltete Andachtsform am Heiligen Abend wie auf evangelischer Seite sucht man in den katholischen Gesang- und Hausbüchern des 19. Jahrhunderts aber noch vergebens. Vielleicht trifft die Beschreibung, die *Annette von Droste-Hülshoff* in ihrer Novelle *„Die Judenbuche"* gibt, die Art, wie die häusliche Vorbereitung noch bis in das 19. Jahrhundert hinein war:

🕮 Es war am Vorabende des Weihnachtsfestes, den 24. Dezember 1788. Tiefer Schnee lag in den Hohlwegen, wohl zwölf Fuß hoch, und eine durchdringende Frostluft machte die Fensterscheiben in der geheizten Stube gefrieren. Mitternacht war nahe, dennoch flimmerten überall matte Lichtchen aus den Schneehügeln, und in jedem Hause lagen die Einwohner auf den Knien, um den Eintritt des heiligen Christfestes mit Gebet zu erwarten, wie dies in katholischen Ländern Sitte ist, oder wenigstens damals allgemein war.

Immerhin gab es vereinzelt Hinweise auf den Heiligen Abend und darauf, wie man ihn zubringen soll: „Halte 1) gewissenhaft die Vigilfasten am Tage vor Weihnachten. 2) Bringe den heiligen Abend vor Weihnachten andächtig zu. 3) Weil Weihnachten der höchste Gnadentag ist, liest jeder Priester drei Messen, und pflegen auch fromme Christen drei Messen zu hören." So ein katholisches Gesangbuch von 1865.

Deutlich wird auch, dass der Heilige Abend nur der Auftakt ist für die gemeindliche (ursprünglich lateinische) Feier der Christmette, entweder um Mitternacht oder am frühen Morgen. In der folgenden Beschreibung des Heiligabends aus in einem Buch aus der Mitte des 19. Jahrhunderts (Magnus Jocham, Das kirchliche Leben des katholischen Christen) werden aber immerhin schon Elemente einer (typisch katholischen) Andacht genannt: Krippe, Kerzen, Rosenkranz, Gebet, und Evangelium: „Der heilige Abend ist angebrochen. Die Hausgeschäfte sind früher zu Ende gebracht, als an anderen Vorabenden. Denn man will einen Feierabend vor der Heiligen Nacht. Den ganzen Tag wurde strenges Fasten gehalten, und dennoch ist alles im Hause froh und heiter. Auch auf den Abend ist wenig zu erwarten, was dem Gaumen und dem Bauche genehm ist. Statt dessen gibt es andere, höhere Genüsse. In der Ecke der Wohnstube ist eine Krippendarstellung angebracht, und sei es auch nur ein Christkindlein in einem Körblein. Um diese Darstellung werden Kerzen aufgestellt. Schon zündet man die Lichter an, und wird der Rosenkranz gebetet. Niemand ist vom Schlafe geplagt wie an anderen Abenden. Das gemeinschaftliche Gebet wird mit freudiger Andacht verrichtet. Nach demselben wird das Evangelium von der heiligen Weihnacht und anderes aus dem großen Leben Christi gelesen, was auf die heilige Nacht Bezug hat. Das Alles gehört zur häuslichen Erbauung und ist Vorbereitung auf die kirchliche Feier."

Erst im 20. Jahrhundert und im Zuge der sogenannten Liturgischen Bewegung wurde den häuslichen/familiären Feierformen größere Bedeutung beigemessen. Auch auf die Rolle und Bedeutung des Gesangbuchs für die häusliche Liturgie wurde hingewiesen; das Gesangbuch gehöre in die Hausandacht und sollte nicht irgendwo im Regal verstauben. In einem Passauer Diözesangesangbuch der 1950er Jahre (Lob Gottes) wird dann auch eine häusliche Feier skizziert, die noch – wie es der offiziellen Einordnung des 24. Dezembers entsprach – im Schein des Advents steht, aber doch eine Andacht ist, wie sie ähnlich auch in evangelischen Häusern stattfand: „Die ganze Hausgemeinschaft versammelt sich in froher Besinnung um Krippe und Christbaum. Die Lichter verlöschen bis auf den Adventskranz oder eine Christbaumkerze. Vom Advent nehmen wir Abschied mit dem letzten Adventslied: ,Macht hoch die Tür ...' Dann beten alle als Brücke von Advent zu Weihnachten den ‚Engel des Herrn‘; er kann auch gesungen werden. Die Adventskerzen werden nacheinander ausgelöscht. Darauf entzündet die Mutter den Christbaum. Der Vater verkündet den Seinen die frohe Botschaft von der Geburt des Herrn, Lukas 2,1–20. Als Antwort darauf erklingt das ‚Stille Nacht‘. Die Erklärung zur ersten Lesung und der Hymnus der Weihnachtsandacht können folgen. Kinder und Jugendliche können ihre Krippenlieder und Hirtenweisen singen, wie ‚Ihr Kinderlein kommet‘ usw. Der Vater schließt die Feier mit dem Weihnachtsgebet.“

Bis auf typisch katholische Elemente (Rosenkranzgebet, „Engel des Herrn“, Krippendarstellung) sind evangelische und katholische Hausandacht am Heiligabend nun sehr angeglichen. Das katholische Gesangbuch „Gotteslob“ von 2013 enthält eine ausformulierte Hausandacht zum Heiligen Abend – es ist eine der wenigen auf die Familie bezogenen Feierformen in diesem Gebet- und Gesangbuch.

Für eine religiös geprägte Feier an diesem Abend gibt es darüber hinaus noch immer zahlreiche Hilfen und Anregungen: in christlichen Haus-, Weihnachts- und Werkbüchern, in Gesangbüchern, auf Faltblättern und Kalendern, die von einzelnen Diözesen veröffentlicht werden, und auch in Pfarrbriefen. Interessanterweise gibt es solche überwiegend auf katholischer Seite. Von evangelischer Seite her hält man sich hinsichtlich des Heiligabends eher zurück; vielleicht auch wegen des zahlreichen Besuchs der Gottesdienste in der Kirche, dem man auf diese Weise nicht kontraproduktiv begegnen will.

II.
Das Heiligabend-Ritual

„Die DIN-Form, Weihnachten zu feiern"

Der Countdown begann am Vormittag des Heiligen Abends: da wurden letzte Einkäufe getätigt und das sogenannte Weihnachtszimmer abgeschlossen. Es war das sogenannte Herrenzimmer – das Arbeitszimmer des Vaters; fugenlos abgedichtet, eine Art von Allerheiligstem, sogar noch die Schlüssellöcher mit Pergamentpapier verhängt. In diesem Zimmer waltete von da an nur noch Vater, Zeremonienmeister und Inspizient in einem. Der Rest der Familie wartete in Küche und Wohnzimmer. Zum Mittagessen gab es Nudelsuppe, gekocht aus dem Gänseklein. Danach vertrieb man die Zeit durch häusliche Hilfsarbeiten wie Aufräumen, Abwaschen, Kohlen aus dem Keller holen, damit alles an Ort und Stelle war und der Gang des Festes nicht mehr gestört werden musste. Diese Phase wurde abgeschlossen durch den Kaffee, der gleichzeitig den Beginn der eigentlichen Festlichkeiten markierte. Diese war für uns Kinder jedoch nicht mit Behaglichkeit und Entspannung verbunden, sondern hatte etwas Geschäftiges und Aufregendes. ‚So, jetzt zieht ihr euch mal um' – man wurde in seine Sonntagskleider eingewiesen, die schließlich noch auf ordentlichen Sitz und Fusselfreiheit überprüft wurden.

Um halb fünf begann dann die ‚Kirche'; aber weil sie an diesem Tag besonders voll war und alle Familien – auch die, die, gleich uns, sonst nicht zur Kirche gingen – dorthin drängten, um sich in die gehörige Stimmung versetzen zu lassen, musste man schon eine halbe Stunde zuvor dort sein, um noch einen ‚anständigen' Platz zu ergattern. ‚Die Kirche' lief dann ein für allemal gleich ab; man schaute nach den Leuten, las hinten im Gesangbuch die Texte über die Dichter, um sich die Zeit zu verkürzen, und freute sich, wenn die Mesnerin mit einem langen Rohr die Kerzen an den Weihnachtsbäumen neben dem Altar anzündete. Dazu Orgel und vor allem Kinderchor – das war der Inbegriff von Weihnachten. Dann beschimpfte der Pfarrer die ‚Weihnachtschristen', die nur an diesem Tag in die Kirche kamen, damit ihnen die Gans besser schmeckte; er wählte deswegen auch Lieder aus, die nur seine Intim-Christen kannten und bei denen wir ‚Stille-Nacht-Sänger' nicht mithalten konnten. Nur zum Schluss ‚O du fröhliche' stehend – das war das einzige Zugeständnis und eine Art Gnaden- und Versöhnungsakt, in dem die Kirche den verlorenen Schafen Trost spendete und mit einer gewissen Absicht Gnade walten ließ: erst Schimpfen, dann Reue und zuletzt Versöhnung. Anschließend gingen wir heim, es war schon dunkel.

Der Vater brauchte noch einmal furchtbar lange; man konnte schon die Märklin-Eisenbahn fahren hören und hatte den Verdacht, er erhöhe die Spannung absichtlich, und als dann schon fast alles vor Spannung zu platzen drohte, wurde vom Vater noch die Weihnachtsgeschichte nach Lukas aus der Bibel vorgelesen. Er ging dann wieder ins Allerheiligste zurück, wieder dauerte es, schließlich läutete er mit einem Glöckchen. Die Familie trat endlich ein, hielt im Angesicht des Lichterbaums inne und starrte einen gebührenden Augenblick lang darauf. Da wir alle außerordentlich unmusikalisch waren, wurde nur sehr dünnfädig gesungen, was ich als Kind immer als Makel ansah, denn zu einer richtigen Weihnachtsfeier gehörten eben Blockflöten und glockenhelle Stimmen. Wir Kinder mussten eine Zeit lang Gedichte aufsagen, aber da das Repertoire bald erschöpft war, wurde später von dieser Lösung wieder abgegangen. Schließlich war der Weg zu den Geschenken frei, die nach Personen auf Haufen geordnet waren. Zuerst packte man die Größeren aus, freute sich, tat zumindest so. Dann spielte ich mit der Märklin-Eisenbahn, die Kerzen wurden später ausgepustet, der Vater rauchte seine Weihnachtszigarre, man las in geschenkten Büchern. Zum Essen gab es Saitenwürste mit Kartoffelsalat, damit die Mutter keine Umstände hatte – im übrigen durfte man aufbleiben, solange man wollte.

Am nächsten Tag war die Spannung weg. Es gab die Gans, die mein Vater im weißen Mantel so kunstgerecht tranchierte, dass sie bereits kalt war, bis sie auf den Tisch kam. Freunde besuchen durfte man erst am zweiten Feiertag und da auch nur zwischen

11 und 12 Uhr. An Weihnachten wollten schließlich alle unter sich sein, wir wollten es angeblich auch; beim eigentlichen Fest waren allenfalls Verwandte als Gäste zugelassen.

Ich weiß nicht mehr, wann ich das erste Mal dieses Ritual hasste, zumindest nicht mehr mochte, aber es hat mit Sicherheit einige Zeit gedauert. Mit 12, 14 Jahren gefragt, hätte ich es, wenn nicht wunderschön, so doch auf alle Fälle gültig und verbindlich gefunden. Das war einfach die DIN-Form, Weihnachten zu feiern. Dass man es auch anders oder gar nicht feiern könnte, wäre mir unvorstellbar gewesen."

„Die DIN-Form, Weihnachten zu feiern ...": In dieser Beschreibung eines Weihnachtsfestes vielleicht aus den 6oer Jahren des 20. Jahrhunderts von Utz Jeggle klingt alles an, was in vielen Häusern, Familien und Lebensgemeinschaften noch immer zum Programm am Heiligabend gehört und alljährlich auf eine bestimmte, oft über viele Jahre hinweg feststehende Art und Weise begangen wird. Der Hintergrund einer ursprünglich religiösen Hausandacht lässt sich auch in Jeggles Beschreibung mit den genannten gottesdienstlichen Elementen (Lieder, Evangelium) noch erkennen. Die Feier findet an einem quasi liturgischen Ort statt, in einem besonderen, vorher abgeschlossenen Raum (im Weihnachtszimmer, dem „Allerheiligsten", wie es Jeggle nennt) vor dem mit brennenden Kerzen geschmückten Christbaum; sie wird von bestimmten, gleichsam liturgischen Rollen getragen (Eltern, Kinder), denen entsprechende Zeremonien und Aufgaben in dieser Feier obliegen (Entzünden der Kerzen, Öffnen der Türen, Lesen des Evangeliums, Aufsagen bestimmter Texte). Höhepunkt und Ziel dieser Feier (aber nicht originär dazugehörig) ist das Auspacken von Geschenken. Mit dieser Feier sind weitere Handlungen verbunden, vor allem eine oft ausführliche Vorbereitung, aber auch ein – meist so und nicht anders stattfindendes – Essen. Unterhaltung und Spiele können die Feier selbst bereichern, die gelegentlich noch mit einem Besuch des Gottesdienstes in der Kirche vorher oder nachher verbunden ist.

Es lohnt sich, den einzelnen Elementen dieses Rituals und dem Umgang mit ihnen im Folgenden genauer nachzuspüren. Zunächst dem inneren Bereich des Rituals mit seinen Elementen, die aus der alten Hausandacht stammen: Weihnachtsevangelium, Gebete, Lieder, Christbaum und Krippe – dann diejenigen, die im Laufe der Zeit hinzugetreten sind und die teilweise heute nicht mehr daraus wegzudenken sind: die Geschenke (auch für die Armen), das Essen, der Raum und die verschlossene Tür, das Lesen, Erzählen und Spielen – sowie schließlich noch die Vorbereitung und die Teilnahme am Gottesdienst.

„Es begab sich aber zu der Zeit ..."

Das Weihnachtsevangelium

> Nach dem Gottesdienst las meine Mutter am runden Tisch,
> auf dem die Klöppeldecke lag, bei Kerzenschein den Lukas-
> Text. „... daß alle Welt sich schätzen ließe."
> Dabei wischte sie sich Tropfen von der Nase.
> Das habe ihr Vater früher auch immer vorgelesen, und
> denn das endlose Singen, wie sei das immer langweilig ge-
> wesen!
>
> *Walter Kempowski, Tadellöser & Wolff*

Bis heute bildet das „Weihnachtsevangelium" für viele Menschen ein wesentliches Element der häuslichen Feier am Heiligen Abend. Es gehört im Aufbau der alten Hausandacht zu den Lesungen, die neben Gesang und Gebet die Grundform dieses ursprünglich häuslichen Gottesdienstes ausmachen. Ohne die Botschaft von der Geburt Christi gäbe es kein Weihnachten. Allein das begründet die Stellung des Evangeliums; es ist Erinnerung und Vergegenwärtigung des Geschehens dieses Tages. Es steht, neben Liedern, häufig auch in nicht-religiösen Weihnachtsbüchern, die Anregungen für eine Feier am Heiligen Abend enthalten.

In den meisten Fällen handelt es sich um jenen Evangelienabschnitt, der aus dem nächtlichen Gottesdienst stammt und der das Gebot, das von Kaiser Augustus ausging, die Geburt Jesu und die Verkündigung der Engel an die Hirten zum Inhalt hat: Lk 2,1–14.

🖃 Auf jeden Fall wird eine der biblischen „Weihnachtsgeschichten" gelesen, auch wenn diese schon in der Christmette gehört wurde. Manchmal lesen wir aber auch Texte aus dem Alten Testament, die dazu passen.

Aus diesem nächtlichen Gottesdienst ist ja diese häusliche Feier vor langer Zeit herausgewachsen und trat partiell auch an die Stel-

le der gemeindlichen. Sobald aber der gemeindliche Weihnachtsgottesdienst – sei es in der Nacht oder am Abend – besucht wird,
ergibt sich eine Verdoppelung. Manche lassen das Weihnachtsevangelium deshalb auch bewusst weg.

▣ Da ich die Christmette besuche, genügt mir die Gelegenheit, dort das
Weihnachtsevangelium zu hören.

Das Vorrecht des Vorlesens

Der Text des Evangeliums wird der (Familien-)Bibel entnommen,
mitunter auch einem „Hausbuch" oder den verschiedenen Hilfen
zur Gestaltung des Heiligen Abends, die es bis heute häufig mit
abdrucken. Zeitweilig war es sogar üblich, Kinder das Weihnachtsevangelium auswendig lernen zu lassen. Das erscheint schwerer,
als es ist, denn der Text steht nicht selten fest (z. B. in der Luther-
übersetzung: „Es begab sich aber zu der Zeit ...") und prägt sich einem auch auf Grund des Rituals durch das jahrelange Hören bis
in die Formulierung hinein unvergesslich ein.

🐝 Ede fängt nach kurzem Räuspern an, sein Weihnachtsgedicht aufzusagen. Es dauert nicht lange, und nun bin ich daran. Mein Teil ist die Weihnachtsgeschichte: „Es begab sich aber zu der Zeit, dass ein Gebot von dem
Kaiser Augustus ausging, dass alle Welt geschätzet würde ..." Ich weiß eigentlich gar nicht, wieso grade ich immer dazu kam, an der Weihnachtsgeschichte klebenzubleiben, die andern hatten es mit ihren kürzeren Vers-
chen viel bequemer. *(Hans Fallada, Damals bei uns daheim)*

Meist aber sind es die Erwachsenen, die es vortragen, der Vater
bzw. das „Oberhaupt der Familie" oder der „Vorsteher der Feier",
wie auch geschrieben wird, dem die Ehre zufällt, das Evangelium
vorzulesen. Noch das katholische Gesang- und Gebetbuch „Gotteslob" von 1975 verwies auf diese früher wesentliche Rolle des
Heiligabends: „Der Vater liest das Evangelium von der Geburt des
Herrn ..." In *Thomas Manns* Roman *„Buddenbrooks"* fällt diese
Ehre der altehrwürdigen Konsulin zu:

☙ Die Konsulin aber schritt langsam zum Tische und setzte sich inmitten ihrer Angehörigen auf das Sofa, das nun nicht mehr wie in alter Zeit unabhängig und abgesondert vom Tische dastand. Sie rückte die Lampe zurecht und zog die große Bibel heran, deren altersbleiche Goldschnittfläche ungeheuerlich breit war. Dann schob sie die Brille auf die Nase, öffnete die beiden ledernen Spangen, mit denen das kolossale Buch geschlossen war, schlug dort auf, wo das Zeichen lag, daß das dicke, rauhe, gelbliche Papier mit dem übergroßen Druck zum Vorschein kam, nahm einen Schluck Zuckerwasser und begann, das Weihnachtskapitel zu lesen.

Sie las die altvertrauten Worte langsam und mit einfacher, zu Herzen gehender Betonung, mit einer Stimme, die sich klar, bewegt und heiter von der andächtigen Stille abhob. „Und den Menschen ein Wohlgefallen!" sagte sie.

Gestaltung

Je nach religiöser Prägung der Heiligabendfeier kann auch der Vortrag des Evangeliums gestaltet werden, wie es auch in manchen Hilfen vorgeschlagen wird: stehendes Zuhören, Akklamationen wie im Gottesdienst der Kirche, zusätzliche, ergänzende Bibeltexte, Lieder. Vor allem die Auslegung und Ausdeutung, wie sie in den alten Andachtbüchern auch genannt wurde, konnte und kann hinzutreten: Als Hausvater hatte der Vater das Amt der Verkündigung innerhalb des familiären Hausgottesdienstes inne, dazu zählte nicht nur das Vorlesen, sondern auch eine Auslegung des Evangeliums durch entsprechende Texte, die man Hausbüchern, Postillen (wie etwa der populären Handpostille von Leonhard Goffiné) oder ähnlichen Schriften entnahm oder selbst gestaltete.

📖 Vater las aus der „Goffiné" das Weihnachtsevangelium vor, dem das Lied „Stille Nacht" folgte. Jetzt musste jedes Kind das gelernte Gedicht aufsagen, und Vater hielt eine richtige Predigt; dazwischen wurde immer wieder gebetet und gesungen. *(Löcher)*

In geistlichen Gemeinschaften fällt das dann selbstverständlich dem Oberen bzw. der Oberin zu:

☞ Nach dem Abendessen versammelt sich die Klostergemeinschaft beim Christbaum und hält eine kleine Weihnachtsfeier mit Verlesung des Weihnachtsevangeliums, einer Ansprache des Oberen und einigen Weihnachtsliedern.

☞ Gemeinsame Vesper, Lesen des Weihnachtsevangeliums, Gute Gedanken von der Oberin, gemeinsames Essen bei Kerzenschein, singen von Weihnachtsliedern.

Das Lesen des Evangeliums in einem Umfeld, wo das sonst nicht geschieht, kann befremden; nicht jede(r) hat einen Zugang dazu.

☞ Ich lese es still noch einmal für mich.

Und natürlich gibt es viele Heiligabendfeiern, wahrscheinlich sogar die meisten, in denen es nicht gelesen wird. So wurde in der Umfrage zur Gestaltung des Heiligabends auf die Frage nach dem Weihnachtsevangelium auch überwiegend mit „Nein" geantwortet. Aus verschiedenen Gründen – vielleicht auch, weil ohnehin alles Religiöse dieser Feier weggefallen ist:

☞ Nein, natürlich nicht. Konfessionslose Familie in der 4. Generation.

☞ Weihnachten wird als Fest der Familie gefeiert, hat bei uns nichts mit Jesus zu tun.

„*Frohe Weihnachten* ..." –

Gebete, Segenswünsche, Segnungen

> Kassler mit Grünkohl gab es dann, und alle 400 Saalinsassen gaben sich die Hand und wünschten sich „Gesunde Weihnachten". Beileibe keine „Frohe Weihnachten", denn froh könne man hier „hinne" ja nicht sein.
>
> *Walter Kempowski, Ein Kapitel für sich*

Neben der Verlesung des Weihnachtsevangeliums nahmen Gebete in der Vergangenheit teilweise einen gebührenden Platz in der Heiligabendfeier ein. Das Gebet in der Familie war allerdings auch selbstverständlicher und geübter als heute. Gebete ergeben sich aus der Herkunft der Heiligabendfeier als eine Art häuslicher Gottesdienst gleichsam von selbst; sie zählen darin zum Grundbestand. In diesem Zusammenhang lassen sich auch die oft genannten Verse nennen, die von den Kindern aufgesagt werden (sollen), aber auch Segenswünsche, die man sich gegenseitig zuspricht. Letztere lenken den Blick auf eine besondere Form der Haussegnung, die hie und da noch mit dem Heiligen Abend verbunden ist.

Gebete

Angesichts einer heute gewiss noch größeren Scheu vor dem gemeinsamen Gebet bieten die verschiedenen Hilfen für die Gestaltung des Heiligen Abends entsprechende Texte an. Die Bandbreite der vorgeschlagenen Texte ist dabei sehr groß: Von einfachen Zweizeilern oder dem gemeinsam gesprochenen „Im Namen des Vaters ..." reicht es bis zur entfalteten (Andachts-)Form, die neben dem „Engel des Herrn" auch den Rosenkranz oder stille Anbetung enthält.

Auch in der Praxis können die verschiedenen Gebete einen Teil des abendlichen Rituals ausmachen. So wird in einer Umfrage-Zusendung auf die Frage nach der Gestaltung des Heiligen Abends geradezu ein „Gebetskatalog" angegeben, der auf ein kirchlich sozialisiertes Haus schließen lässt:

▣ Psalm / Gebet / meditativer Text; Fürbitten, Vaterunser, Segensbitte für die Familie, die Gemeinde, Welt ... (früher eher freies, kindliches Gebet, heute aus diversen religiösen Büchern, religiösen Zeitschriften o. ä.)

Auch das Vaterunser und Fürbitten gehören zu den Gebeten, die häufig aufgeführt werden – nicht zuletzt wird in den Fürbitten auch der Menschen gedacht, die an diesem Tag nicht feiern können, oder der verstorbenen Angehörigen, denen man sich jetzt besonders nahe fühlt.

▣ Vor der Bescherung hören wir die Weihnachtsbotschaft nach dem Lukasevangelium, die Vater vorliest, und wir singen „Stille Nacht". Danach beten wir für unsere Familie und für den Weltfrieden.

Zu den traditionellen Gebeten am Heiligabend zählt(e) katholischerseits auch der Rosenkranz; es hat sich in manchen Gegenden erhalten, ein Gesetz des freudenreichen Rosenkranzes zu Beginn der Feier zu beten. Noch im „Gotteslob" von 1975 wurde er in der Beschreibung des Heiligabends genannt. Auch der Angelus, der „Engel des Herrn", hat(te) hier seinen Platz.

Nicht selbstverständlich, aber letztlich aufmerksam in Hinblick auf die gesamte Feier des Heiligen Abends ist es, wenn in den Büchern und Gestaltungshilfen auch noch Tischgebete angegeben werden oder sogar Abendgebete, „wenn die jüngsten Familienmitglieder ins Bett gehen".

Verheißungsverse

Zu der häuslichen Andacht/Feierform gehörten auch diejenigen Gebete, die – vor allem in älterer Zeit – Kinder häufig zu lernen hatten. Es oblag ja einem christlichen Hausvaters, das Gebetsleben seiner Kinder zu ordnen und auch zu überwachen. Nach der Evangelischen Haus-Agende von Georg Christian Dieffenbach von 1853 „sollte der Hausvater mit seinen Hausgenossen – Kindern, Knechten und Mägden, Gesellen und Lehrlingen – ein Katechismus-Verhör halten; d. h. er sollte mindestens ein Hauptstück des Katechismus hersagen lassen, nach dem Inhalte fragen, etliche Bibelsprüche und Lieder beten lassen". Das galt natürlich auch für die häusliche Weihnachtsfeier.

❧ Und nun ist es Weihnachten. Lange ist davon gesprochen worden, daß das „Kindjen" dann vom Himmel herabkommt und die artigen Kinder beschenkt. Ich habe meine kleinen Gebetchen gelernt, vielleicht auch die zehn Gebote und das Vaterunser. *(Friedrich Paulsen, Aus meinem Leben)*

Sie mögen aber auch mit den Verheißungssprüchen zusammenhängen, den in der Vorbereitungszeit meist von Kindern auswendig gelernten Bibelversen, deren Sinn sich in der Geburt Jesu erfüllt. Im schon genannten Andachtenbuch von Walter Lotz heißt es: „Dann sagen die Kinder ihre Bibelworte (Jes 9,1; 9,5; Micha 5,1 u. a.), und der Vater spricht den alten Weihnachtsspruch ..." Das war ein sehr evangelischer Brauch, der auch im Zusammenhang des sogenannten „Adventsbaumes" stand: In der 2. Hälfte des 19. Jahrhunderts war es in vielen evangelischen Familien üblich, zu Beginn der Adventszeit einen bloßen Tannenbaum ohne Schmuck und Kerzen im Raum aufzustellen, der an den Adventstagen nach und nach mit Zetteln, auf denen Verheißungssprüche standen, und Kerzen geschmückt wurde. Die Sprüche wurden den Kindern zum Lernen vor- und aufgetragen. Am Heiligen Abend dann erstrahlte dieser Baum im vollen Licht. (Möglicherweise ist das auch in den Antworten auf die Umfrage wiederholt genannte Baumschmücken am 1. Advent ein unbewusstes Relikt aus dieser Zeit.)

Vielleicht färbte dieser evangelische Brauch ab, wie aus einem katholischen Buch zur Gestaltung des Kirchenjahres in der Familie von 1961 ablesbar ist: „Es ist eine schöne Sitte, wenn die Kinder am Heiligen Abend, nachdem der Vater die Frohe Botschaft der Heiligen Weihnacht verlesen hat und das Weihnachtslied gesungen ist, dem Christkind in der Krippe ihren Gruß sagen. Dem Alter entsprechend, wird es ein Kindervers, die Strophe eines Weihnachtsliedes oder ein Gedicht sein. Die Kinder haben es in der letzten Adventswoche gut gelernt und bringen es nun dem Christkind als ihre Liebesgabe zum Heiligen Abend."

Das scheint freilich weitgehend der Vergangenheit zuzugehören. Im Missverstehen der ursprünglichen Situation wurden diese Sprüche im Laufe der Zeit zu „Gedichten", die es vor der Bescherung als Leistung aufzusagen galt; solche finden sich aber noch zahlreich in den Heiligabend-Beschreibungen (vgl. dazu Kapitel ...). Parodiert hat dies der Humorist Vicco von Bülow (Loriot) in seiner Darstellung von „Weihnachten bei den Hoppenstedts", wo der (oder die?) kleine Dicky als Gedicht spricht: „Zicke-zacke Hühnerkacke".

Weihnachtswünsche

In den Bereich der Gebete gehören auch die Wünsche für ein gesegnetes oder frohes Weihnachtsfest. Es sind letztlich Segenswünsche, auch wenn sie oftmals eher im profanen Kleid daherkommen: Frohe Weihnachten! Happy christmas! Feliz navidad! Die Weihnachtswünsche zählen zum inneren Kern des Rituals am Heiligen Abend, was auch aus folgender Bemerkung deutlich wird:

> 🖃 Seit dem Tod meines Vaters werden keine Lieder mehr gesungen und dieser „förmliche" Teil ist ganz weggefallen. Wir wünschen gegenseitig „nur" noch frohe Weihnachten und setzen uns dann gemütlich zusammen zum Kaffeetrinken und Spielen.

Der Wunsch „Frohe Weihnachten" bezieht sich letztlich auf die Verkündigung des Engels an die Hirten: Fürchtet euch nicht, denn ich verkünde euch eine große Freude (Lk 2,10). Im Weihnachtslied von Friedrich Spee aus dem 17. Jahrhundert „Als ich bei meinen Schafen wacht'" wird diese Szene besungen – mit dem Refrain: „Des' bin ich froh – froh, froh, froh. Benedicamus domino." Das Fröhlichsein greift wörtlich Texte aus Weihnachtsliedern von Martin Luther („Des lasst uns alle fröhlich sein") oder Paul Gerhard auf („Fröhlich soll mein Herze springen"). Überhaupt ist die „Fröhlichkeit" im Zusammenhang der Botschaft des Evangeliums eine tief lutherische Ausdrucksweise, die sich dann auch in dem Lied „O du fröhliche" findet. Es ist keine äußerliche fröhliche Stimmung damit gemeint, sondern eine innere Freude über die Erlösung.

🔖 Wir drehten ja alles um: Weihnachten traurig und Sylvester, wo Anlaß sei zum Trauern, lustig wie verrückt. – Das sei eine andere Art Lustigkeit, die wir Weihnachten empfänden, sagte meine Mutter, eine tiefe innerliche Fröhlichkeit. Er müsse das mal auf sich wirken lassen. Es wär schade, wenn er nichts davon mitkriegte. *(Walter Kempowski, Tadellöser & Wolff)*

Nicht selten bilden diese Wünsche den offiziellen Abschluss der eigentlichen Feier und leiten zum Auspacken der Geschenke über. So wird es immer wieder vorgeschlagen, auch im katholischen Gesangbuch „Gotteslob" von 2013. Umarmungen und Küsse kommen dazu. Diese Weihnachtswünsche beziehen im Ritual des Abends auch andere Menschen mit ein:

🗐 Gegen 21 Uhr Telefonieren mit Pate/Patin aller Familienmitglieder; Gesegnete Weihnachten wünschen und von Geschenken erzählen.

Und mitunter wird auch, so kann man lesen, das „Happy birthday" angestimmt – denn schließlich hat heute Jesus Geburtstag …
    Gebet und Segen werden auch im Lied ausgesprochen und dargestellt (*„Am Weihnachtsbaum die Lichter brennen"*, 3. und 4. Str.):

Zwei Engel sind hereingetreten,	Gesegnet seid ihr alten Leute,
kein Auge hat sie kommen sehn;	gesegnet sei, du kleine Schar!
sie gehn zum Weihnachtstisch und beten	Wir bringen Gottes Segen heute
und wenden wieder sich und gehn.	dem braunen wie dem weißen Haar.

Zu den besonderen Segenswunschformen zählt auch das Brechen und Teilen der „Weihnachtsoblate", das schon fast liturgischen Charakter hat und in Polen (und bei Polen in aller Welt) bis heute verbreitet ist. Es handelt sich um Oblaten mit aufgeprägten weihnachtlich-religiösen Motiven. Unter dem Aussprechen von Weihnachtswünschen teilen die Familienmitglieder sie untereinander. In dieser Weise werden die Oblaten – wie jedes gebrochene und geteilte Brot – zum Zeichen der Einheit, der Gemeinschaft, der gegenseitigen Freundlichkeit und Liebe.

▣ Es werden untereinander Oblaten getauscht und Glückwünsche ausgesprochen (polnischer Brauch, den wir von klein auf pflegen), danach das gemeinsame Festmahl eingenommen und anschließend Geschenke ausgetauscht.

Mit Weihwasser und Weihrauch: Haussegnung

Und noch eine Form der Segnung, die vor allem in ländlichen Gebieten früher üblich war – das Räuchern und Weihwasser-Sprengen in Haus und Stall. Es handelt sich dabei um ein Ritual der sogenannten Rau(c)hnächte, die zwischen dem Weihnachts- und dem Epiphaniefest liegen, ein Zeitraum, in dem die Nächte am längsten sind und der Mensch und seine Habe gefährdet erscheinen. Von daher wurden an diesen Tagen, besonders aber an den „Drei heiligen Abenden" (die Nächte vor dem 25. 12., vor dem 31. 12. und vor dem 6. 1.) Haus und Hof mit Weihwasser und Weihrauch gesegnet. Der Ritus des Räucherns vollzog sich so, dass man am Abend Glut vom Herd nahm, in eine Räucherpfanne tat und Räucherwerk auflegte. Dann ging man durch alle Räume des Anwesens, vor allem durch Ställe und Scheunen, sprengte mit Weihwasser und räucherte mit Weihrauch in Kreuzform. Meist wurde auch Licht mitgetragen. Zum Weihrauch kamen gelegentlich auch die Palmbuschen dazu, die dabei verbrannt wurden. Träger dieses Brauches im wahrsten Sinne des Wortes war meist der Hausvorstand in Begleitung des ältesten Sohnes oder Knechtes, bisweilen schlossen sich alle Hausbewohner an. Heute ist dies allenfalls in ländlichen Gebieten noch üblich – in städtischem Zusammenhang kaum. In den Häusern und Wohnungen ist der Brauch auch nicht unproblematisch, weil möglicherweise der Rauchmelder anspringt – er wird aber auch hier gelegentlich noch ausgeübt.

☑ Seit vielen Jahren mache ich das: mit einer einfachen Räucherschale, einem Stück Räucherkohle und Weihrauch gehe ich an diesen vier Abenden durch alle Räume meiner Wohnung und auch vor die Wohnungstür am Gang unseres Mehrparteienhauses, bete still für mich und bitte um Segen. Als meine Eltern noch lebten, habe ich auch in ihrer Wohnung geräuchert und ich war auch schon bei einem befreundeten Ehepaar zum Räuchern eingeladen. Ich sehe es als eine Handlung im Sinne von Segnung und Reinigung an besonderen Tagen.

Letztlich handelt es sich um kein weihnachtliches Ritual, selbst wenn es am Heiligabend stattfindet. Stärker als an diesem Tag lebt der Brauch bis heute unter veränderten Vorzeichen in der Segnung des Hauses bzw. der Wohnung (durch die Sternsinger oder den „Hausvater") an Epiphanie („Heilige Drei Könige") fort.

„Vater griff in die Tasten ..."

Lieder, Musik und Instrumente

> Mein Vater griff in die Tasten – (Was die deutschen Kinder
> singen an liebem Sinn und Unsinn) – beugte sich mal vor
> und mal zurück und sang mit falscher Stimme
> Der Christbaum ist der schönste Baum ...
> alle 7 Strophen.
>
> *Walter Kempowski, Tadellöser & Wolff*

Wie zu jeder Feier gehören auch zu Weihnachten Lieder und Musik. Vor allem Lieder sind – in welcher Form und Zahl auch immer – von Weihnachten und speziell vom Heiligabend nicht wegzudenken, selbst wenn sie seit Jahrzehnten immer häufiger von elektronischen Medien geliefert werden. Wie sehr Weihnachten und Musik zusammengehören, zeigt ja auch die Beschallung der Öffentlichkeit schon Wochen vor Weihnachten mit Musik; das gibt es bei keinem anderen Fest. Schließlich wird auch das Erscheinungsbild von Weihnachten durch „musizierende Engel" geprägt, die meist auf eher kitschige Art und Weise die himmlische Musik nach dem Lukasevangelium 2,13f. versinnbildlichen.

Lieder und Gesänge

Das Singen und Musizieren in den Familien am Heiligabend dürfte zu Anfang von den gottesdienstlichen Feiern und den späteren häuslichen Andachten mit beeinflusst worden sein. Zumindest sind die Anfänge weihnachtlichen Singens zunächst in der Liturgie zu suchen. Auch noch im späten Mittelalter, aus dem die ersten deutschen Weihnachtsgesänge überliefert sind, scheint der hauptsächliche Ort für das Singen der Gottesdienst gewesen zu sein. Ingeborg Weber-Kellermann schreibt in ihrem Weihnachts-

lieder-Buch: „Über häusliche Familienfeiern mit Musik ist aus dieser Epoche nichts überliefert, und zwar weder aus den Städten, wo es höchstens eine Gemeinschaftsfeier in den Zunfthäusern gab, noch vom Land." Der Sitz im Leben für die sich langsam entwickelnden weihnachtlichen Gesänge unterschiedlichster Art waren vor allem Brauchhandlungen wie Klöpfelbräuche, Kindelwiegen, Weihnachtsspiele und Heischegänge. Lieder aus diesen verschiedenen Herkunftsorten wandern ebenso in die häuslichen Feiern wie diejenigen Gesänge, die zunächst im gemeindlichen Gottesdienst gesungen wurden.

Bei dieser häuslichen Feier spielte die Musik eine wesentliche Rolle; die mit der Reformation entstandenen Liederbücher beförderten die Andacht; viele Lieder waren auch für die häusliche Andacht bestimmt – und die Gesangbücher enthielten teilweise auch solche Andachten. Eine nicht unwesentliche Rolle für das familiäre weihnachtliche Singen in den evangelischen Häusern mag später auch Carl August Schwerdgeburths Darstellung des musizierenden Martin Luther unter dem Christbaum gespielt haben.

Neben den kirchlichen Gesängen entstanden im 19. Jahrhundert Weihnachtslieder „für den Hausgebrauch, die das Bild der bürgerlichen Gesellschaft getreulich widerspiegelte ..." (Weber-Kellermann). In ihnen stand neben dem Inhalt des Weihnachtsgeschehens („O du fröhliche", „Tochter Zion") zunehmend auch der Weihnachtsabend im Mittelpunkt: „O Tannenbaum", „Ihr Kinderlein kommet", „Morgen, Kinder, wird's was geben", „Morgen kommt der Weihnachtsmann", „Kling, Glöckchen" und andere. Im Lied *Christbaum* von *Peter Cornelius* (1856) wird die Feier im häuslichen Kreis besungen:

Wie schön geschmückt der festliche Raum!
Die Lichter funkeln am Weihnachtsbaum!
O fröhliche Zeit! O seliger Traum!
Die Mutter sitzt in der Kinder Kreis;
nun schweiget alles auf ihr Geheiß:
sie singet des Christkinds Lob und Preis.
Und rings, vom Weihnachtsbaum erhellt,
ist schön in Bildern aufgestellt
des heiligen Buches Palmenwelt.
Die Kinder schauen der Bilder Pracht,
und haben wohl des Singens acht,
das tönt so süß in der Weihenacht!
O glücklicher Kreis im festlichen Raum!
O goldne Lichter am Weihnachtsbaum!
O fröhliche Zeit! O seliger Traum!

Das 20. Jahrhundert bescherte neben neuen geistlichen Gesängen auch den weihnachtlichen Schlager und Popsong, der durchaus seinen eigenen Platz im Musikbetrieb des Heiligabends hat. – So finden sich heute Musik, Lieder und Gesänge unterschiedlichster Art und Herkunft in dem Ritual am 24. Dezember.

🖃 Alle singen, die erwachsenen „Kinder" spielen mit Gitarre, Harfe. Lieder: Herbergsuche, Der Engel des Herrn, Als Maria übers Gebirge ging, Oh du fröhliche, Stille Nacht, Ihr Kinderlein kommet, Zu Betlehem geboren.

🖃 Ein Mitbruder spielt auf dem Harmonium. Wir singen „Stille Nacht", „Es wird scho glei dumpa" (obwohl ich dieses Lied persönlich nicht mag), „O du fröhliche", evtl. „Es ist ein Ros entsprungen".

60

☞ Weihnachtslieder, die flott und fröhlich sind, also kein „Stille Nacht" oder ähnliches, auch zu den Weihnachtsliedern im Radio oder vom CD-Player wird gesungen.

☞ Ich spiele Klavier. Meine Mutter Flöte. Alle singen. Alle alten Weihnachtslieder. Und ein paar neue (Rudolph, Mary had a Baby ...)

☞ Wir haben eine Vielzahl von Weihnachtsliederbüchern, dazu das Evangelische Gesangbuch. Wir singen viele klassische Weihnachtslieder, aber auch englische, französische und anderssprachige (wie auch von der Herkunft) Weihnachtslieder, z. T. auch in den Sprachen.

Zu den Weihnachtsliedern gesellen sich hie und da auch noch Adventslieder, vor allem zu Beginn einer solchen Feier. Längst fand auch eine gegenseitige Übernahme konfessionsgeprägter Lieder statt, die vor etlichen Jahrzehnten so mancherorts noch nicht denkbar war; meist dürfte heute kaum bekannt sein, dass diese Lieder einmal einer bestimmten Konfession „gehörten":

📖 Das heute so bekannte „O du fröhliche" wurde damals nur bei den Evangelischen gesungen, bei uns erst viel später. *(Löcher)*

Die Antworten auf die Umfrage nach den Heiligabend-Ritualen zeigen hinsichtlich des Singens und Musizierens die ganze Bandbreite der Möglichkeiten auf. Die familiären Formen reichen vom Singen und Musizieren „ganz traditionell" über das Mitsingen der Lieder im Radio bzw. vom CD-Player bis zur völligen Ablehnung:

☞ Zu Hause? Nein.

Lieder und weihnachtliche Musik können Teil einer kleinen Krippenandacht sein; die verschiedenen Hefte und Hilfen zur Gestaltung des Heiligen Abends nennen Lieder und Gesänge als wesentlichen Bestandteil der Feier am 24. Dezember bzw. an den Tagen danach. Sie können die Feier eröffnen und beschließen, oft wird das „Stille Nacht" gleichsam als Höhepunkt gesungen.

☞ Weihnachtsfeier wird vor dem Christbaum und der Krippe gefeiert (Art Andacht mit Stille Nacht, Rede zu Weihnacht, Evangelium, Glückwünsche).

Singen geschieht aber auch einfach aus der Freude heraus, ist Charakteristikum und Ausdruck des Festes und speziell der Feier an diesem Abend.

⊟ Weihnachtslieder mit theologischen Aussagen (Typ „Zu Betlehem geboren") sind mir wichtig und machen das Flair dieses Abends aus. Am 25. 12. klängen sie anders.

Das Singen muss sich nicht auf den Heiligen Abend beschränken. Gerade da, wo man auch sonst gern zusammen singt – etwa schon in der Adventszeit –, haben die Lieder auch danach ihren Platz.

⊟ (Wir singen) erst am 1. und 2. Weihnachtsfeiertag zusammen mit Eltern, Geschwistern und Neffen/Nichten; es werden alle bekannten deutschen Weihnachtslieder gesungen (Stille Nacht, O du fröhliche, O Tannenbaum, Alle Jahre wieder, Leise rieselt der Schnee etc.)

Bisweilen sind die Lieder auch Teil einer Inszenierung des Heiligabend-Ablaufes und spielen eine ähnliche Rolle wie das Aufsagen von Gedichten oder kleinen Versen, wie sich auch der Fernseh-Moderator Reinhold Beckmann in einem Interview erinnerte: „Gespannt marschierten wir in die gute Stube. Singen war Pflicht. Auch für meinen Vater, der ein unglaublicher Brummer war. Erst danach stürzten wir uns auf die Geschenke." *(Familie und Co.)*

⊟ Bevor ich nicht geläutet habe, darf keiner ins Zimmer, und jeder, auch die Erwachsenen, müssen ein Lied singen oder ein Gedicht aufsagen.

Das Musizieren und Singen findet gelegentlich speziell „vor dem Christbaum" bzw. „vor der Krippe" statt, was auch die ursprünglichen Zusammenhänge dieses Tuns im Rahmen einer quasi-gottesdienstlichen Feier anzeigt.

⊟ Im Weihnachtszimmer steht in einer Ecke die große aufgebaute und beleuchtete Krippe, wovor wir alle Weihnachtslieder singen. Dann setzen wir uns vor den Weihnachtsbaum und mein Mann erzählt eine Geschichte. Später machen die Kinder hier ein musikalisches Programm.

Der Verzicht auf das Singen zu Hause hängt möglicherweise auch damit zusammen, dass bereits in der kirchlichen Feier gesungen und musiziert wurde und es damit genügt. Auch bereitet das Singen den heutigen Menschen nicht selten Schwierigkeiten: Das liegt auch mit an einer Überschwemmung des Alltags mit (oft perfekt aufgenommener) Musik, was nicht eben dazu anregt, selbst zu singen und sich selbst herzugeben

▤ Keine Lieder gesungen, nur instrumental – wollen nicht singen.

Von daher hat gemeinsames Singen in den Familien mitunter etwas Befremdliches und Komisches an sich, was sich dann auch in der Situation selbst niederschlägt.

▤ Vor der Bescherung werden gemeinsam einige Lieder gesungen, was mangels Textkenntnissen oft in Gelächter ausartet.

Zu den Stereotypen gehört, dass die Väter meist nur ungeschickt brummen oder sich überhaupt des Singens enthalten, weil sie unmusikalisch sind, wie sich auch der Schriftsteller *Richard Wolf* erinnert:

❧ Ich muss noch erzählen, dass wir während der Bescherung fleißig sangen. So liebte es die Mutter. Maria begleitete die Lieder auf dem Klavier, der Vater summte bescheiden vor sich hin. Zum Kummer der Mutter war ihm kein zuverlässiges Gehör verliehen. *(Christabend)*

Obgleich dies auch in unserer Familie der Fall war, glaube ich doch, dass letztlich eine gewisse Scheu der Männer vor dem Sich-Entäußern beim Singen – zumal beim Singen religiöser Lieder – dahintersteckt.

Musikinstrumente und Instrumentalmusik

Ein wesentliches Instrument im wahrsten Sinne des Wortes für die Förderung des Gedankens einer familiären Weihnachtskultur war das Klavier. Schon im ausgehenden 18. Jahrhundert hatte die aufstrebende Bürgerschicht das häusliche Musizieren als standesgemäß entdeckt und gefördert. Die Serienfabrikation des Klaviers seit dem Anfang des 19. Jahrhunderts erweiterte neben der Notenliteratur zugleich die Zahl der Musikausübenden. Vor allem sind es die Töchter (und Frauen), die das Klavierspielen erlernen. In dieser Zeit spielen die häusliche Weihnachtsmusik und die weihnachtlichen Lieder eine immer größere Rolle, und auch der (mehrstimmige) Kirchenchoral wurde als Sololied mit Klavierbegleitung in die „gute Stube" übernommen, wie Weber-Kellermann schreibt. Immer wieder zeigen daher die Bilder aus dieser Zeit das Klavier als Bestandteil der familiären Weihnachtsszene, an ihm sitzen Mädchen oder Frauen, seltener die Buben oder der Vater.

📖 Endlich standen wir vor der Tür zum Klavierzimmer, bis diese aufging, und da saß Mutter an dem alten Tafelklavier und spielte im Schein von zwei Kerzen „Ihr Kinderlein kommet". Sie selbst sang sehr temperamentvoll mit, meine Stimme war ganz klein vor Erregung. *(Löcher)*

Die Instrumente hatten ihren Platz auch bei der weihnachtlichen Hausmusik, die unabhängig von einer eigentlichen Feier war; die dort vorzutragenden Stücke sind in ihrem Zusammenhang mit der „Inszenierung" des Abends wohl ähnlich zu sehen wie die Gedichte (bzw. Gebete) oder Lieder:

📖 Nachdem die Feier zu Ende war, musste ich meine eingeübten Weihnachtslieder am Klavier vorspielen. Die Eltern waren besonders stolz, weil ich mit 11 Jahren schon ganz gut Klavier spielte. *(Löcher)*

Ende des Jahres 1805 schrieb *Friedrich Schleiermacher* ein kleines Büchlein mit dem Titel *„Die Weihnachtsfeier"*, das einen häuslichen Weihnachtsabend schildert, Gespräche unter den an ihm beteiligten Personen über das Weihnachtsfest als solches oder früher erlebte Feiern enthält, aber auch von den Vorbereitungen und dem Vollzug der Feier selbst berichtet (die ohne Krippe, Christbaum und religiöse Feier auskommt). Fast den ganzen Weihnachtsabend hindurch wird Klavier gespielt – von den Frauen bzw. der kleinen Tochter Sofie. Manchmal wird vorgespielt, werden Lieder begleitet, manchmal ist die Klaviermusik nur stimmungsvolle Untermalung für die Erzählungen. – Diese Untermalung deutet schon die heute geradezu selbstverständliche Dauerberieselung mit „weihnachtlicher" Musik an, die aber weitgehend inhaltsleer geworden ist und vor allem eine bestimmte Stimmung erzeugen will.

☙ Dann wird vorgespielt auf dem Klavier. Die Großeltern sitzen ernst und würdig auf besonderen Stühlen und schnauben noch einmal tüchtig aus. „Weihnachtsflitter" heißt das Stück, was nun erklingt, und sechshändig ist es gesetzt, eine musikalische Dichtung, in die alle Weihnachtslieder verwoben sind. [...] Der würdige Großvater überlegt, ob das eigentlich geht, vom Glauben her, „Weihnachtsflitter", ob das nicht eigentlich viel, viel ernster ist, weil doch der Heiland all sein Blut gegeben ... Und er zieht sein Notizbuch heraus und schreibt sich das auf. Morgen, in der Stiftskirche, wird er mal mit Pastor Kregel sprechen. *(Walter Kempowski, Aus großer Zeit)*

Nicht weniger häufig als das Klavier erscheint die Flöte als „weihnachtliches" Instrument, ja sie scheint geradezu zur „DIN-Norm" von Heiligabend gehörig, wie beschrieben wurde (S. 44). Die Flöte wird auch in vielen Hirtenliedern erwähnt, wo sie – wie die Schalmei, Pfeife und Geige („Fidel") – ein Instrument der Hirten ist (und so auch gut im Krippenspiel eingesetzt werden kann).

Ihre Verwendung im häuslichen Heiligabend-Ritual rührt sicher zum einen daher, dass man sie – im Gegensatz zum Klavier – immer dabei haben kann. Das trifft ähnlich auch auf die Gitarre zu, weshalb sie ebenfalls in den Antworten auf die Umfrage häufig auftaucht. Vor allem aber ist die Flöte ein Instrument, das von vielen Kindern erlernt wird, die dann wiederum an Weihnachten etwas vorspielen sollen:

☰ Unsere Tochter hat dieses Jahr zum ersten Mal geflötet.

☰ Wir, die Kinder, spielen Querflöte und Geige. Außerdem singen wir. Es wird alles gespielt, von Schneeflöckchen, Weißröckchen über Jingle Bells bis Tochter Zion. Ungefähr 20 oder mehr Lieder.

Im Übrigen begegnen Instrumente, wo und wie sie vorhanden sind und gespielt werden können – und auch nicht nur während der Feier unterm Weihnachtsbaum:

☰ Trompeten- und Posaunenspiel vom Balkon herunter, mein Schwiegersohn und ich. Dann geht es weiter mit der Dorfmusik, Spiel an verschiedenen Orten.

„*Der Christbaum ist der schönste Baum ...*"
Der Weihnachtsbaum

> O Tannenbaum, o Tannenbaum,
> wie treu sind deine Blätter! ...
>
> Josten, der Morgenmann, bringt ihn, drei Meter fünfzig ist er hoch, bis unter die Decke reicht er, und er kostet zwanzig Mark. Corriger la fortune – wo Zweige fehlen, werden welche eingesetzt, mit Drillbohrer und Tischlerleim. Josten hält ihn fest und kann sich immer wieder wundern, wie geschickt der Herr de Bonsac ist, weshalb er auch ein schönes Geldgeschenk empfängt.
>
> Wenn Josten fort ist, beginnt Herr de Bonsac den Baum zu schmücken, vorn und auch hinten, obwohl der Baum da an der Wand steht.
>
> Zuerst wird die Glasspitze aufgesteckt, ganz oben, die wie der Helm eines Gardegrenadiers aussieht, dann die vielen Glasvögel aus dem Erzgebirge, Glocken, Kugeln, an die man Wochen zuvor schon Fäden gebunden hat, die Kerzen, die Äpfel und die Schokoladenkringel, von denen im letzten Jahr doch tatsächlich überall ein Stückchen abgebissen war – es stand natürlich nicht daneben: von wem.
>
> Der Tannenbaumfuß wird mit einer grünen Decke drapiert, und diese grüne Decke wird mit Moos belegt, das die Kinder in Süderhaff gesammelt haben, und mit Borke und Tannenzapfen.
>
> *Walter Kempowski, Aus großer Zeit*

Weihnachten und Christbaum, das gehört einfach zusammen; der Baum steht für die Weihnacht schlechthin, und das womöglich schon seit Betlehem ... „Man sollte ... meinen, es handle sich bei der Lichtertanne um einen so einfachen und glücklichen Gedanken, dass er gar nicht anders als ,uralt' sein könne. Das ist jedoch ein Irrtum. Die weihnachtliche Zeichensprache hat lange Zeit bis zur Formulierung des Signums ,Weihnachtsbaum' gebraucht. Ein Rückblick auf seine Entstehungsgeschichte lässt deutlich erkennen, dass er letzten Endes als Symbol der bürgerlichen Kleinfamilie seine Gestalt erhielt. Im Innenraum des Familienlebens wurde er zum Mittelpunkt des Heiligen Abends", schreibt Ingeborg Weber-Kellermann in ihrem Buch „Das Weihnachtsfest".

Im Christ- oder Weihnachtsbaum kommen mehrere Phänomene zusammen: die Lichter, der Baum bzw. ein Gestell für Lichter, der Schmuck, das Grün. Letzteres reicht als Schmuck zur Zeit des Jahreswechsels bis in die Antike zurück; bereits die Römer pflegten da ihre Häuser mit Lorbeer zu schmücken. Grüne Zweige hatten (und haben) in der Winterzeit eine lange und lebendige Tradition, auch als „Weihnachtsmaien" (Maien = Busch, Strauß). Bäume wiederum begegnen im 17. Jahrhundert als sogenannte „Lose(n)bäume", um die herum sich das junge Volk an Weihnachten vergnügte. Aber auch das sind noch keine Weihnachtsbäume in unserem Sinn. Deren Geschichte beginnt wohl erst im 16. Jahrhundert in den Zunftstuben, wo sie mit Äpfeln und Oblaten, Nüssen und Brezeln u. a. geschmückt waren und den die Kinder an Weihnachten oder auch an Epiphanie „plündern" konnten. Von Kerzen ist in diesem Zusammenhang noch nicht die Rede, auch nicht von der Familie. Wohl erst Ende des 16. Jahrhunderts wird der Baumbrauch aus den Zunftstuben in die Häuser getragen und verbreitet sich dort allmählich. Die Lichter kommen noch später zum Schmuck dieses Baumes hinzu; 1708 nennt Liselotte von der Pfalz aus ihrer Jugend den Brauch, Buchsbäume auf die Tische zu stellen und an den Zweigen Kerzen zu befestigen. So sind es auch im 18. Jahrhundert noch hauptsächlich der Adel und die gehobenen städtischen Schichten, die den Christbaum kennen.

Nach und nach wurde der Christbaum auch in gesellschaftlich niedrigeren Schichten übernommen – er ist damit ein sogenanntes „gesunkenes Kulturgut". Nach Dietmar Sauermann, der sich mit der Geschichte des Weihnachtsfestes in Westfalen befasst hat, sorgten vor allem drei Personengruppen für die Verbreitung des Weihnachtsbaumes: ortsansässige Honoratioren (Kaufleute, Großbauern, Adel); von auswärts Zugezogene (Beamte, Angestellte, Handwerker, Facharbeiter) und – Wirte. Letztere trugen zur Verbreitung insofern bei, als sie nicht selten den Weihnachtsbaum als Werbemittel einsetzten.

📖 Einen Weihnachtsbaum gab es nur bei einigen prominenten Einwohnern des Ortes. Bei der Landbevölkerung bald gar keine. Wenn abends dann bei einigen Häusern der Lichterbaum angezündet war und die glitzernden Kugeln und Kerzen durch die Fenster strahlten, dann war die Dorfjugend auf der Straße und schaute sehnsüchtig den Lichterbaum an. *(Sauermann, Westfalen)*

📑 Ich bin Jahrgang 1937 und erinnere mich noch an die Berichte meiner Großmutter, Jahrgang 1876! [...] Ihrer Erzählung zufolge gab es keinen Christbaum. Am Barbaratag (4. Dezember) wurde von ihrem Vater ein kräftiger Ast eines Kirschbaums abgesägt. Diesen brachte man in die Wohnstube und stellte ihn in eine Blechwanne, gefüllt mit Lehm und Wasser. Am Hl. Abend stand der Ast jeweils in voller Blüte, wurde mit Zuckerkringel behängt, die dann die Kinder „als Bescherung" abnehmen durften.

🐌 Es war Weihnachten 1812, Heiliger Abend. [...] Auch Lewin war abgestiegen. Er stampfte ein paarmal in den Schnee, wie um das Blut wieder in Umlauf zu bringen, und trat dann in die Gaststube, um sich zu wärmen und einen Imbiß zu nehmen. Drinnen war alles leer und dunkel; hinter dem Schenktisch aber, wo drei Stufen zu einem höher gelegenen Alkoven führten, blitzte der Christbaum von Lichtern und goldenen Ketten. *(Theodor Fontane, Vor dem Sturm)*

Als „nicht ganz authentisch" wird der Weihnachtsbaum in diesem Roman *Fontanes* gewertet – eher als bewusst gesetztes Widerstandszeichen gegen Napoleon und die Franzosen ... Der deutsch-französische Krieg 1870/71 brachte eine erste allgemeine Verbreitung des Christbaumes als *des* deutschen Weihnachtssymbols mit sich. Auf Wunsch der aristokratischen, den Christbaum gewohnten Offiziere wurden in den Unterständen, in den Lazaretten und Quartieren „Weihnachtsbäume entzündet, in deren Kerzenschein eine Fülle von Emotionen schimmerten. Heimweh und Familiengefühl, Friedenssehnsucht und nationaler Stolz, ja: deutscher Chauvinismus, das alles waberte nun im weihnachtlichen Lichterglanz. Und die heimgekehrten Sieger sorgten dafür, dass bald in jedem deutschen Haus ebenso ein Weihnachtsbaum erstrahlte wie im Schloss des Kaisers" (Weber-Kellermann).

Und auch der Erste Weltkrieg, der Männer aus den verschiedenen deutschen Gegenden mehrere Jahre zusammenbrachte, führte zu einem recht intensiven Austausch über Gepflogenheiten und Bräuche. Sauermann jedenfalls gibt mehrere Belege dafür, dass der Baum erst nach dieser Zeit weite Verbreitung fand, auch wenn er vorher – etwa seit 1870/71 – durchaus bekannt war.

Auch in der berühmten Szene des „kleinen Friedens im großen Krieg", als an Heiligabend 1914 an manchen Abschnitten der Westfront die Waffen schwiegen und die verfeindeten Soldaten auf einander zugingen, spielte der Christbaum eine Rolle, wie es Michael Jürgs beschrieben hat: „Um neun Uhr abends werden die Bäume angesteckt, und aus mehr als zweihundert Kehlen klingen die alten deutschen Weihnachtslieder. Dann setzen wir die brennenden Bäume ganz langsam und sehr vorsichtig oben auf die Grabenböschung …" Schließlich verlassen die Soldaten sogar ihre sicheren Unterstände und gehen aufeinander zu: „We not shoot!", rufen sie, „You not shoot!" – „Wir schießen nicht, schießt ihr nicht!"

Die Einführung und Verbreitung des Christbaumes in den nichtbürgerlichen Schichten geschah nicht zwangsläufig und bisweilen auch nicht ohne Widerstand. Der soziale Unterschied verhinderte die selbstverständliche Übernahme des vermeintlich oder tatsächlich oberschichtlichen Brauches einer Gegend. Die Frauenrechtlerin *Adelheid Popp* berichtet in ihren *„Erinnerungen"*, wie ihre Mutter im Jahr 1873 – sie selbst war zu diesem Zeitpunkt vier Jahre alt – mühsam das Geld für einen Weihnachtsbaum für die Kinder zusammensparte; den aber der Vater, der tagsüber einem Fabrikanten Ware zu überbringen hatte, am Abend, als er nach Hause kam, zu Kleinholz hackte … Selbst in den evangelischen Gebieten, wo der Weihnachtsbaum ja schon länger bekannt war, war dieser soziale Abstand eine Sperre.

Katholischerseits wurde der Christbaum zunächst außen vorgelassen. Als *das* katholische Weihnachtssymbol in den Familien galt vielfach die Krippe. Lutherisch, fremd und städtisch: So wurde der Christbaum empfunden; die irrige Annahme, Luther sei der „Vater des Weihnachtsbaumes", mag dazu beigetragen haben. Der Protestantismus wurde sogar abfällig als „Tannenbaum-Religion" bezeichnet.

📖 Ich wurde mit der Feststellung groß, dass in katholischen Kirchen zu Weihnachten kein Tannengrün außer zur Gestaltung der Krippe verwendet werde, dass der Lichterbaum um den Altar aber etwas Evangelisches sei. *(Sauermann, Westfalen)*

📖 Ein Lied wurde bei uns nie gesungen, nämlich „O Tannenbaum"; das galt bei uns als ausgesprochen protestantisch. *(Löcher)*

Bis in das 20. Jahrhundert hinein war der Christbaum in katholischen Gegenden längst noch nicht überall verbreitet und wurde teilweise auch bekämpft. In einer katholischen Zeitschrift von 1911 wird von einem jüngeren Pfarrer berichtet, „dass er es für eine seiner wichtigsten seelsorglichen Pflichten ansah, gegen die Weihnachtsbescherung und gegen den Weihnachtsbaum zu kämpfen. Beides sei unkatholisch, um nicht zu sagen unchristlich. Echt katholisch sei nur die Krippe ohne Baum, und die Bescherung habe nur einen Sinn am Nikolaustage." Ein anderer Autor wagt Anfang des 20. Jahrhunderts einen Kompromiss: „Mag der Baum auch fernerhin in katholischen Familien am heiligen Abend in hellem Lichtermeere erglänzen, zumal wenn die Krippe damit verbunden ist, mag er alte und junge Herzen mit unschuldiger Freude erfüllen und zu frommen Liedern begeistern; in der Kirche wird man ihn wohl kaum dulden, dorthin gehört die Krippe ..." Aber im Grunde ist er ein entschiedener Gegner der Christbäume, denn die Menschen, „die über einen Gott in der Krippe spotten und das Kindlein im Stall verachten, die ... sind in ihrer Kinderzeit vor einem Christbaum gestanden, aber vor keinem ‚Krippelein'".

Wenngleich der Christbaum sich zunächst (aus der Oberschicht kommend) im evangelischen Bereich verbreitete, so ist er doch keine lutherische Erfindung, auch wenn dies gern behauptet wurde. Wie kam es dazu?

Ein weit verbreiteter Stahlstich von Carl August Schwerdgeburth aus dem Jahr 1843 zeigt „Luther mit seiner Familie am Christabend 1536 zu Wittenberg". Das Bild stellt den Reformator dar mit seiner Frau und seinen fünf Kindern, der Muhme Lene (einer Verwandten seiner Frau), Philipp Melanchthon und dem reformatorischen Kantor Johann Walter. Auf dem Tisch, um den sich die zehn Menschen versammelt haben, steht ein mit brennenden Kerzen geschmückter Baum. Für die Historizität dieser Szene gibt es keinen Beleg, gleichwohl hat sie die Vorstellung gefördert, dass bereits Martin Luther einen Weihnachtsbaum kannte und besaß, ja, möglicherweise sogar eingeführt habe. – Hintergrund dieser Darstellung ist ein Weihnachtsbüchlein, „Adam und Christus", das Karl Reinthaler 1843 für die Weihnachtsfeiern im Martinsstift in Erfurt herausgab. Ein Text darin nimmt Bezug auf einen Brief, den Martin Luther 1530 an seinen vierjährigen Sohn Hans geschrieben hat und in dem er ihm den Paradiesesgarten schildert. Ein Lied dieses Büchleins schildert den Paradiesesbaum. Mit diesem Paradiesesbaum wird im Text der Christbaum verglichen; ihn stellte Schwerdgeburth auf dem Titel dar.

🐍 Der Weihnachtsbaum sei ja in Deutschland erfunden worden. Schon zu Luthers Zeiten. Und 1812 erst richtig. In England haben sie ja bloß die Mispel. Was das eigentlich soll. Da könne doch gar keine Weihnachtsstimmung aufkommen. *(Walter Kempowski, Tadellöser & Wolff)*

Neben dem mit Lichtern geschmückten Tannenbaum gab es bis in das 19., teilweise sogar bis in das 20. Jahrhundert hinein verschiedene Holzgestelle, die Kerzen trugen, Klausenbäume, Reifenbäume, Pyramiden. Eine besondere Form des geschmückten Baumes in dieser Jahreszeit stellt der „Adventsbaum" dar, der eng mit der Entstehung und Ausbreitung der von Johann Hinrich Wichern gegründeten Inneren Mission verbunden ist, und mit dem Adventskranz und dessen Brauch zusammenhängt. Erste Belege für einen solchen „Adventsbaum" gibt es Mitte des 19. Jahrhunderts (vgl. S. 53).
Zu dieser Zeit war auch der Christbaum in seiner Funktion noch nicht festgelegt; er konnte als weihnachtlicher Raumschmuck

ebenso dienen wie als Zentrum der familiären Feier, dem sich die Aufmerksamkeit aller zuwendet. Erst nach und nach wurde er in die Feiergestalt und die Abläufe der rituellen Handlungen mit eingebunden. Dazu zählte etwa das Tanzen um den Baum, natürlich das mehr oder weniger feierliche Entzünden der Kerzen, das Bestaunen des Baumes (seitens der Kinder!), das Besingen und das (eventuell damit verbundene) Deuten des Weihnachtsbaumes. Aber ein eigenes Ritual ist auch schon das Aufstellen und Schmücken sowie – aber nicht am Heiligen Abend – dessen Abräumen und inzwischen auch das Entsorgen.

Gefühlte Mitte: Tanz um den Baum

Mit dem „Maien-Baum" und den dazugehörigen Brauchformen mag es zusammenhängen, dass auch um den Weihnachtsbaum getanzt wurde und teilweise noch wird.

📖 Der Baum stand auf einem Tisch mitten in der Küche oder im besten Zimmer, je nach der Größe dieses Raumes. Die Erwachsenen saßen an den Wänden rundherum. Die Kinder fassten einander an den Händen und gingen im Kreis singend um den Baum herum. (Sauermann, Westfalen)

🐚 Da gingen beide Flügelthüren auf, und eine Menge Kinder stürzten herein, als wollten sie den ganzen Baum umwerfen, die älteren Leute kamen bedächtig nach; die Kleinen standen ganz stumm, aber nur einen Augenblick, dann jubelten sie wieder, daß es laut schallte, sie tanzten um den Baum herum, und ein Geschenk nach dem andern wurde abgepflückt. (Christian Andersen, Der Tannenbaum)

In den skandinavischen Ländern und in England hat sich dieser Brauch erhalten. Er soll auch noch bis in das 20. Jahrhundert hinein in Norddeutschland bekannt gewesen sein.

🐚 Sörensen saß mit meiner kleinen dunklen Schwester Hand in Hand und betrachtete die Kerzen, wie sie allmählich herunterbrannten ... In Dänemark stehe der Tannenbaum auf einem Hocker, sagte Sörensen. Und dann fassten sich alle an und tanzten drum herum. Lustig sei das und nicht so ernst wie bei uns. (Walter Kempowksi, Tadellöser & Wolff)

In Ingmar Bergmans Film „Fanny und Alexander" wird minutenlang eine frohe Polonaise durch die vielen Zimmer des großbürgerlichen schwedischen Hauses gezeigt. – Und warum nicht miteinander tanzen anstatt nur um den Baum?

🗪 Wir tanzen meist noch ein bisschen nach der Bescherung, z. B. auf „Rocking around the Christmas Tree" und solche Lieder. Hören also nicht nur klassische Weihnachtslieder.

Und abschließend passt es in diesen Zusammenhang, wenn der Baum sich dreht und man ihn auf diese Weise von allen Seiten betrachten kann.

🗪 Besonderheit ist ein zweiter (kleiner) Weihnachtsbaum im anderen Wohn-/Esszimmer, der auf einer alten Spieluhr als Christbaumständer steckt. Sie ist inzwischen über 100 Jahre alt und mehreren der anwesenden Generationen bekannt. Aufgezogen dreht sich der Baum und spielt recht flott „Stille Nacht" und „O du fröhliche" im Wechsel.

Das Highlight: Entzünden der Kerzen und Präsentation

Stellt der Baum mit den brennenden Kerzen vielfach den Mittelpunkt der Feier dar, so ist deren Entzünden verständlicherweise ein besonderer Akt, der häufig im Verborgenen (im geschlossenen Zimmer) geschieht und nach Abschluss präsentiert wird:

🐝 Inzwischen hat unser Vater auf Zehenspitzen und für uns unhörbar das Zimmer verlassen, um die Lichter am Christbaum und an der Krippe anzuzünden ... Plötzlich klingelt hell ein Glöckchen. Alle erheben sich, und wir tasten uns im Dunkeln singend über die Diele zum Esszimmer ... Und dann sehen wir unseren Christbaum! So strahlend und hell nach dem Singen in der Dunkelheit! In seinem Lichtkreis stehen wir nun alle und singen zusammen das Kinderweihnachtslied „Der Christbaum ist der schönste Baum, den wir auf Erden kennen." *(Sabine Leibholz-Bonhoeffer, Weihnachten im Hause Bonhoeffer)*

Das Entzünden selbst ist ein Vorrecht, das der Vater, zumindest aber ein Elternteil, innezuhaben scheint. In den religiösen Hausbüchern mit Anleitungen für die Feier des Heiligabends wurde der Christbaum und das Entzünden der Kerzen in die familiäre „Liturgie" miteinbezogen und bereitete den Höhepunkt der abendlichen Feier vor, die Verlesung des Weihnachtsevangeliums. Zur Zahl der Kerzen gibt es keine Angaben; die bisweilen genannte Zwölfzahl der Kerzen sollte möglicherweise die Zahl der Apostel versinnbildlichen.

Und woher das Licht zum Entzünden der Kerzen nehmen? Das Streichholz oder Feuerzeug wirkt doch eher profan; es gab und gibt verschiedene Vorschläge: von den Kerzen des Adventskranzes, der noch einmal zu Begin der Feier brennt; oder von einer Kerze an der Krippe, um den Zusammenhang mit der Geburt Christi deutlich zu machen. Oder man trägt das Licht von der Krippe in der Kirche in einer Laterne für den Christbaum aus dem Gottesdienst mit nach Hause. Auch das in vielen Kirchen aufgestellte „Friedenslicht" bietet sich dafür an.

🖃 Sehr gerne nehmen wir auch das „Friedenslicht aus Betlehem", das jedes Jahr von der Feuerwehr in jeden Ort gebracht wird, und entzünden damit das Ewige Licht in der Kirche und die Kirchenkerzen sowie die Weihnachtskerzen im Konvent.

Zu einem besonderen Ritual wurde das Entzünden der Kerzen am Weihnachtsbaum nach den Vorstellungen der NS-Propaganda; auch hier konnte es eine quasi-liturgische Gestalt annehmen, die sich auch im rituellen Entzünden der Kerzen und den dazu gesprochenen Lichtsprüchen ausdrückte, wie Doris Foitzik beschreibt:

„Nun haben sich alle bei der Hand gefasst, stehen um den Baum und singen das schöne Lied vom Tannenbaum. Vier Kerzen sind am Tannenfuß aufgestellt. Der Vater gibt dem ältesten Jungen eine brennende Kerze in die Hand und sagt:
‚Die Sonne ist durch's Jahr gerollt,
jetzt ist sie schwach und klein.
Doch wird sie bald mit ihrem Gold
groß und voll Licht und Wärme sein.
So schmücken wir den Sonnwendkranz

für seinen neuen Lauf
und stecken ihm mit hellem Glanz
vier rote Kerzen auf.'

Dann zündet der älteste Junge die erste Kerze an und spricht:
,Ich bringe Licht für alle Soldaten,
die tapfer die Pflicht für Deutschland taten.'
So werden auch die anderen Kerzen von den Kindern mit einem
Spruch angezündet:
Zweites Kind:
,Mein Licht soll für alle Leute brennen,
die heut' nicht Weihnachten feiern können.'
Drittes Kind:
,Mein Licht sei dem Führer geschenkt,
der immer an uns und Deutschland denkt.'
Viertes Kind:
,Ich bringe das Licht unserer Mutter dar.
Sie sorgt für uns Kinder das ganze Jahr.'"

Bestaunen des Christbaums

Das Entzünden der Kerzen und anschließende Präsentieren des
Baumes einschließlich seines Schauens und Bestaunens stellt – der
Elevation der Messe (Erheben der Hostie und des Kelches bei der
Wandlung) nicht unähnlich – gleichsam den „sakramentalen",
also zeichenhaften Höhepunkt des Abends dar.

Eng mit dem Präsentieren des Lichterbaumes hängt dessen Bestaunen zusammen. Zum einen liegt das an dem herausgeputzten
Baum selbst und dem Effekt des Lichtglanzes in der dunklen Stube.

📖 Wir Kinder stürmten in die schöne Stube, das Kleinste musste der Vater
auf den Arm nehmen, dass es nicht umgerannt wurde. Da standen wir
alle ganz still vor Staunen. *(Löcher)*

🔲 Nach dem Betreten des Weihnachtszimmers und kurzem staunenden
Verharren vor dem Baum und dem Gruß „Fröhliche Weihnachten" wird
ausgepackt.

Zum anderen war das sicher auch teilweise ein Ausdruck des erwarteten Dankes, den man den Eltern für die Vorbereitung und Gestaltung gewissermaßen schuldete. Das kommt vor allem immer dann zum Ausdruck, wenn deutlich gesagt wird, dass man „pflichtschuldigst" den Baum einige Zeit bestaunt, was dann irgendwann einfach dazugehört, wie es auch der Schriftsteller *Hans Fallada* beschreibt:

> Die Tür zum Bescherungszimmer fliegt auf, eine strahlende Helligkeit begrüßt uns. Geführt von Ede rücken wir im Gänsemarsch ein. Vater, am Flügel sitzend, sieht uns mit einem glücklichen Lächeln entgegen. Nach geheiligtem Gesetz dürfen wir weder rechts noch links schauen, wir haben schnurstracks auf den Baum loszumarschieren und vor ihm Aufstellung zu nehmen, nach dem Satz: erst kommt die Pflicht, dann das Vergnügen. Die Pflichterfüllung aber besteht darin, dass Vater nach einem kurzen Vorspiel das Lied „Stille Nacht, heilige Nacht" spielt, nun setzen wir ein, und es wird gesungen. *(Damals bei uns daheim)*

Das Anschauen und Bestaunen des Christbaums gehört zu den wichtigsten Motiven der Photographie an diesem Abend; vor allem Kinder werden dargestellt, wie sie den Baum betrachten („leuchtende Kinderaugen"). Das Bestaunen des Christbaums beschränkt sich nicht nur auf den Heiligen Abend, wiewohl dieser Moment nach dem Betreten des Weihnachtszimmers seinen eigentlichen Platz hat. Die Tage danach finden Einladungen und Besuche statt, nicht zuletzt, um den Baum jeweils zu bestaunen. Er stellt ja auch ein Prestigeobjekt dar, mit dem die Familie etwas über sich und ihre Stellung aussagt.

> Am nächsten Tag werden dann die Gegenbesuche gemacht, und Wilhelm guckt sich mit Kennermiene die Bäume seiner Brüder an und sagt: „... unser Baum ist eigentlich *doch* der schönste!" Das sagt er natürlich erst beim Nachhausegehen und zu seiner Frau. *(Walter Kempowski, Aus großer Zeit)*

> Auf dem Heimweg von der Kirche haben wir mit Papa die erleuchteten Fenster angeschaut und waren immer gewiss, dass unser Baum der am schönsten geschmückte im ganzen Dorf war.

Ein „Baum-Schauen" gab es auch im Zusammenhang eines Hei-
schebrauches in der Eifel, bei dem sich Kinder einer Familie zu
Weihnachten in den Nachbarhäusern zum Singen am Christbaum
einfanden; die kleinen Sänger wurden mit einer Gabe belohnt.
Man nannte das „Chrestboom-kicke-jon". Mit diesem Singen bes-
serte man gelegentlich sein kärgliches Weihnachtsgeschenk auf ...
In der Schweiz ist es das „Chrischtbaum-Aluege".

In *Friedrich Rückerts* Gedicht *„Es läuft ein fremdes Kind"* steht
dieses Bestaunen der Christbäume am Heiligabend im Zusammenhang der Sehnsucht nach familiärer Geborgenheit:

Es läuft ein fremdes Kind
am Abend vor Weihnachten
durch eine Stadt geschwind,
die Lichter zu betrachten,
die angezündet sind.
Es steht vor jedem Haus
und sieht die hellen Räume,
die drinnen schaun heraus,
die lampenvollen Bäume;
weh wird's ihm überaus ...

Christbaumschmuck und Christbaumschmücken

Das Schmücken des Tannenbaumes ist wie alles Schmücken zunächst Ausdruck des Außergewöhnlichen und Festlichen. Gleichzeitig kann es den Inhalt eines Festes versinnbildlichen. Sogar der
Vorgang des Schmückens kann bereits einen zeremoniellen Teil
des Festes darstellen.

Die ersten Hinweise auf einen Brauch des Weihnachtsbaumes
vom Ende des 16. und Anfang des 17. Jahrhunderts nennen unter
anderem Äpfel und Oblaten. Die Äpfel werden gern im Zusammenhang der Deutung des Christbaums als Paradiesesbaum verstanden und sollen auf den inneren Zusammenhang von Sündenfall und Erlösung durch die Geburt Christi hinweisen. Die

Glaskugeln wären demnach stilisierte Äpfel, wobei erstmals lothringische Glasbläser mangels Äpfel diese durch Glaskugeln ersetzt haben sollen. Die Oblaten waren in einem frommen Sinn Abbild der kirchlichen Hostien; sie machen den Weihnachtsbaum zum „Lebensbaum", der im biblischen Buch der Offenbarung genannt wird (Offb 22,2f.) Möglicherweise aber stand vor all dieser frommen Deutung der Gedanke, den Baum mit Naschwerk und Obst zu schmücken, das (von den Kindern) beim „Plündern" auch verzehrt werden kann. Dazu zählen neben den Äpfeln und Nüssen auch Feigen, Zuckerwerk, Lebkuchenherzen und natürlich Weihnachtsgebäck aller Art.

Otto Schlißke hat in seinem vielfach aufgelegten Büchlein über die Advents- und Weihnachtsbräuche versucht, den einzelnen Schmuckelementen eine geistliche Bedeutung zu geben. So versinnbildlichen für ihn die bunten Kugeln und das flimmernde Glaswerk die Kostbarkeiten, die dem Kind in der Krippe gebühren; Verkündigungsengel und Stern haben ihren Sinn von der biblischen Weihnachtsgeschichte her, das Engelshaar ist ein schwacher Schimmer des himmlischen Reiches. Die Papierketten (Girlanden) sollen davon künden, dass durch das Geschehen der Heiligen Nacht die Ketten der Schuld von uns genommen sind, die Christrosen, mit denen mancherorts auch der Baum geschmückt wird, verweisen auf die Wurzel Jesse, aus der eine Rose blühte.

Es gibt aber keineswegs nur süße oder „fromme" Schmuckelemente. In unserer Zeit gibt es alljährlich neue Moden für den Christbaumschmuck. Wenn das auch nicht mehr mit religiösen Motiven verbunden ist, so ist es durchaus auch ein Ausdruck der Festfröhlichkeit, den Baum entsprechend lustig zu schmücken:

📝 Wir haben den Brauch der Weihnachtsgurke übernommen. Irgendwo im Baum ist eine Gurke versteckt. Der Finder bekommt ein Extrageschenk.

📝 Meine erwachsenen Söhne schmücken den Weihnachtsbaum (wir suchen uns immer was Kurioses aus: einmal gab es Weihnachtskugeln des FC St. Pauli) oft schon CDs, in diesem Jahr Blechschmuck aus Mittelamerika.

Die Präsentation des geschmückten Christbaumes setzt dessen Aufstellen und Herrichten im Geheimen voraus, um den Effekt zu vergrößern. Im Rahmen einer späteren Präsentation fiel daher diese Aufgabe früher den Eltern zu und fand entsprechend vorher und abgeschieden statt. Inzwischen geschieht das Schmücken vielfach in einem gemeinsamen Tun von Eltern und Kindern.

🖃 Der Weihnachtsbaum wird in meiner Familie immer am Abend des 23. von allen gemeinsam geschmückt.

🖃 Mein Opa sorgte dafür, dass der Baum fest stand und befestigte auch die rote Baumspitze. Den oberen Teil des Baumes schmückte meine Mutter, da wo ich nicht hinreichte. Das andere schmückte ich mit selbst gebastelten Strohsternen, roten Kugeln, weißen Kugeln, schön verteilt wie in Wellen um den Baum. Die goldfarbenen Kerzenhalter mit roten Kerzen, meist 24, verteilte meine Mutter rund um den Baum und sie setzte Wattetupfer, dass es wie Schnee aussah. Ich hängte schön gleichmäßig verteilt Lametta an. In die Mitte des Weihnachtsbaumes wurde der bunte Paradiesvogel mit langem Schwanz gesetzt.

📖 Ein Bruder holte die Schachtel mit dem Christbaumschmuck und die Krippe vom Speicher herunter. Inzwischen hatte der älteste Bruder hinter dem Haus den Christbaum in den Ständer gepasst. Der wurde nun in feierlichem Zug in die Stube getragen und an den altgewohnten Platz am Giebelfenster gestellt. Jetzt durften wir den Baum zusammen schmücken mit den schönen bunten Kugeln und dem Engelshaar. Die gläserne Spitze mit dem Glöckchen dran durfte nur immer der Vater anbringen, außerdem den Porzellan-Verkündigungsengel im Geäst aufhängen. *(Löcher)*

Da der Weihnachtsbaum inzwischen ein weltweit verwendetes Schmuckelement im Dezember geworden ist und längst den Raum der christlichen Religion überschritten hat, erscheint es nur schlüssig, dies am Baum selbst auch zum Ausdruck zu bringen:

🖃 Seit einigen Jahren gehört zum Weihnachtsbaum ein kleines Arrangement aus Chanukkaleuchter und einer Ausgabe des Korans.

Das Herrichten des Baumes für den Abend erweitert die Feier nach vorne, wird zur Ouvertüre und verschafft auch entsprechende

Vorfreude. Da wird schon mal beim Schmücken des Baumes und Herrichten des Zimmers eine Flasche Sekt getrunken:

☞ Vormittags stelle ich den Weihnachtsbaum auf und schmücke ihn. Dazu höre ich weihnachtliche Musik aus dem Radio.

☞ Parallel zur Dekoration läuft eine bestimmte Aufnahme (und nur die!) des Bachschen Weihnachtsoratoriums (Dresdner Kreuzchor 1976), zu der vielfältig ungezwungen mitgesungen wird.

☞ Der Sektkorken der Flasche, die wir während der Vorbereitungen leeren, wird mit der Jahreszahl beschriftet und an den Baum gehängt.

Ausdeuten des Christbaumes

Dass der Christbaum mehr sein kann als ein floraler Schmuck zum Fest, zeigen verschiedene Lieder, die ihn in seiner religiösen Bedeutung beschreiben. Das schon genannte Lied „Der Christbaum ist der schönste Baum, den wir auf Erden kennen" von 1842 mit seinen ursprünglich zwölf Strophen ist eher allgemein religiös gestimmt, zielt auf Tugendhaftigkeit, Gehorsam und Liebe, die im Herzen des frommen Kindes gepflanzt werden sollen. Immerhin wird noch die Geburt Christi genannt, anders als im noch immer oft gesungenen „O Tannenbaum", das gänzlich frei von religiösen Aussagen ist und in dem das Grün des Baumes ein Zeichen für Hoffnung und Beständigkeit ist. Ähnlich ist es im Lied „Am Weihnachtsbaum die Lichter brennen" („Wollt in mir erkennen getreuer Hoffnung stilles Bild" – 1. Str.). In der schon genannten Schrift von Karl Reinthaler (S. 71) wird der Weihnachtsbaum auf den Paradiesesbaum gedeutet – passenderweise zum Schmuck mit Früchten und Oblaten, wie es zu seiner Zeit nicht unüblich war. In seinem Büchlein hat er ein entsprechendes Lied gleich mitgeliefert.

1. Es wuchs ein Baum im Paradies, / von Blüthen schön, von Früchten süß, / versprach der Klugheit Überfluss; / doch bitter war sein Nachgenuss.
2. Es stand ein Baum auf Golgatha, / den Jedermann mit Schrecken sah, / daran der Heiland aller Welt / sich als den Bürgen dargestellt.

3. Der Baum der Süßigkeit und Pracht / hat Elend und den Tod gebracht; / der Baum des Todes hat der Welt / das Leben wieder hergestellt.

4. Was Adam dort in irrem Traum / verfehlet hat, den Lebensbaum, / verführet von der Sinnen Reiz, / in solchen wandelt sich das Kreuz.

5. Nun schauet, Gottes Kindlein, hier, / am Christbaum, seine Lichter Zier: / Er stellt das Licht und Leben dar, / das dort im Lebensbaume war.

6. Nun schauet an der Früchte Lust: / Sie zeigen, was, uns unbewusst, / in Gottes Paradiese reift, / wann uns des Todes Arm ergreift.

7. Drum sei dir Preis, Herr Jesu Christ, / dass du der Pflanzer worden bist! / Willst selber unser Leben sein / im neuen Paradieses Schein.

Ganz ähnlich hat der Theologe und Dichter Siegfried Macht den Baum in den 1990er Jahren ausgedeutet; sein Lied findet sich in machen neuen Liederbüchern:

Nun schmücken wir den Weihnachtsbaum und woll'n es uns erzählen, / warum wir ihm fürs grüne Kleid noch manchen Schmuck erwählen.

2. Zur Krippe hat der Stern geführt, wir setzen ihn zum Lohne / ganz oben, wo ihn jeder sieht, dem Christbaum in die Krone.

3. Geschenke brachten für das Kind die weitgereisten Gäste. / Wir hängen dafür Kugeln auf ganz bunte in die Äste.

4. Und da nun wieder offensteht das Paradies für jeden, / gibt es auch Äpfel in dem Baum wie einst im Garten Eden.

5. Mit Jesus kam ein Freudenstrahl, ein Licht in dunkle Zeiten. / Drum zünden wir die Kerzen an, man sieht sie schon von weitem.

6. Gott hat sich zum Geschenk gemacht, das woll'n wir stets bedenken, / wenn wir uns unterm Weihnachtsbaum wie jedes Jahr beschenken.

Doch nicht nur mit seinen grünen „Blättern" bzw. dem Schmuck trägt der Baum zu Deutung des Tages bei; der evangelische Theologe Kurt Rommel beantwortete die Frage, welcher Baum denn am sinnvollsten gewählt werden soll, mit der Antwort: Tannen oder Fichten. „Jedes Zweiglein hat die Form des Kreuzes. Vielen sind solche Assoziationen ein Kreuz. Aber – ohne Kreuz kein Christtag."

Es gibt sogar Segensgebete über den Christbaum, wenn auch nicht offiziell; in einem Segensbuch von 2012 heißt es: „Segne diesen grünen Baum, geschmückt zu deiner Ehre und unserer Freude am Fest der Geburt deines Sohnes. Sein Licht erhelle unsere Dunkelheit im Widerschein deiner Gegenwart. Sein Duft verströme sich in unseren Herzen und unserem Haus (unserer Wohnung). Sein Grün verleihe uns Hoffnung und neuen Lebensmut." Während der NS-Zeit wurde der Christbaum als verpöntes Zeichen einer bürgerlichen Familie in Frage gestellt – abgeschafft konnte er nicht werden. So versuchte man ihn umzufunktionieren zur „Jultanne" bzw. zum „Weltenbaum".

Probleme mit dem Christbaum und seine Entsorgung

Nicht überall und in allen Häusern ist der Christbaum akzeptiert. Es gibt durchaus eine große Zahl von Menschen, die ihn aus verschiedenen Gründen ablehnen: Neben der Einschätzung als Kitsch ist vor allem ein ökologisches Bewusstsein dafür verantwortlich. So wurde auch von Naturschützern darüber geklagt, dass das Schlagen von Weihnachtsbäumen dem Wald schade; im Gegensatz dazu wurde und wird ins Feld geführt, dass dieses Schlagen vielmehr der Bestandsauslichtung helfe ... Herbert Rauchenecker (Alte Bräuche – neues Denken), der das Für und Wider ausführlich dargelegt hat, nennt einige Lösungsansätze im „Glaubenskrieg" um den Weihnachtsbaum. Dazu zählt natürlich auch das Aufstellen eines Baumes mit Wurzel, der wieder eingepflanzt werden kann. Eine andere Lösung wird in einem Frauenkloster gewählt:

📰 Der Weihnachtsbaum war anfangs ein Streitthema, weil einige ihn wollten, andere aus ökologischen Gründen abgelehnt haben. Wir sind übereingekommen, eine Fichte draußen im Garten mit einer Lichterkette zu schmücken. Obwohl uns im letzten Jahr ein Christbaum geschenkt wurde, kam eine Schwester auf die Idee, ihn lieber einer bedürftigen Familie zu schenken, als ihn zu behalten.

Als einen Ablehnungsgrund nennt Rauchenecker auch die Schmutzverursachung. Das ist hinsichtlich der Nadeln durchaus nachzuvollziehen:

☞ [Ich habe] weder Krippe noch Christbaum (denke noch mit Grausen an die Beseitigung der Nadeln).

☞ Wir malen einen Tannenbaum an die Glastüre des Balkons, da die Nadeln so unglaublich nerven.

In vielen Häusern hat ohnehin längst der künstliche Christbaum Einzug gehalten. Es ist die Frage, ob sich damit eine Prophezeiung Wilhelm Heinrich Riehls erfüllt, die er im 19. Jahrhundert – allerdings im Blick auf Papierbäume – machte: „Mit dem Verschwinden dieses wirklichen, natürlichen Tannenbaums wird auch die Familienfeier allmählich aufhören, eine wirkliche und natürliche zu sein."

☞ Einen Tannenbaum haben wir auch, aber inzwischen einen künstlichen. Ich mag keinen echten mehr kaufen, sind zu teuer.

Und sogar aus der Entsorgung des Christbaums ist inzwischen ein „Ritual" geworden: Am 13. Januar, dem Knuts-Tag (benannt nach dem hl. Knut von Dänemark), werfen die Schweden ihren Weihnachtsbaum auf die Straße, heißt es. Ob das eine allgemein verbreitete Übung ist, lässt sich nicht ausmachen; ein schwedisches Möbelhaus hat das aber geschickt mit einer Werbekampagne verbunden und lädt im Januar in seinen Häusern zu einem Christbaum-(„Knut-")Weitwurf ein. Inzwischen wird das auch von anderen Institutionen und Gruppen veranstaltet – bis hin zum CDU-Ortsverband –, oft mit einem guten Zweck verbunden.

Für eine Entsorgung des Christbaums wird dabei gesorgt, aber wie passt das zusammen, dass man den Baum an Weihnachten besingt und dann wenige Tage später durch die Gegend wirft? Zwar ist der Weihnachtsbaum natürlich kein (nur mehr) religiöses Symbol, schon gar nicht vergleichbar mit religiösen Bildern oder gar dem Kreuz. Andererseits ist, wie gesehen, die Bedeutung dieses Baumes in den Liedern doch sehr hoch. Ob denjenigen, die den Christbaum durch die Gegend werfen, dieser Baum all das auch bedeutet, mag bezweifelt werden. Aber der Christbaum-Weitwurf steht auch symptomatisch für unseren Umgang mit dem Weihnachtsfest und seiner Symbolik.

„Da liegt es, das Kindlein, auf Heu und auf Stroh"
Die Krippe

Dann wird die bayerische Krippe aufgebaut, die man sich nach und nach hat schicken lassen, jedes Jahr ein Stück dazu, mal einen Hirten und mal ein Schaf, alles systematisch und alles ganz geheim. Die Kenntnisse, die man im Schlachtenpanorama gesammelt hat, werden dabei angewandt. In die Moosplacken hinein wird er gebaut, der zugige Stall, künstlich-kümmerlich mit der sorgend über die Krippe gebeugten Maria – nach Botticelli – und dem bärtigen Joseph im Hintergrund: treu, fest, eisern. Der Esel guckt von draußen in die Hütte hinein und der Ochse liegt breit da, und sogar ein Hund ist vorhanden: mit der Kehrseite zur Krippe wird er aufgebaut, den Schafen zugewandt, die den Kopf heben, als wollten sie singen: Ehre sei Gott in der Höhe. An die untersten Zweige des Tannenbaums werden Wachsengel gehängt, die schweben über der Krippe neben den Sternen und Kringeln aus Schokolade: Himmlische Heerscharen sind das, himmlische Heerscharen aus Wachs. Über eine Kerze darf man sie nicht hängen, dann biegen sich die Beine herunter, verformen sich und tropfen ab. Bei Cordes hat man sie gekauft, am Jungfernstieg, und nach dem Fest werden sie in Watte gepackt und auf den Boden getragen.

Walter Kempowski, Aus großer Zeit

Scheint der Christbaum zunächst das protestantische Insignium des Heiligabends zu sein, so gilt die Krippe landläufig als das katholische. Sie kann, ähnlich wie der Baum, eine wesentliche Rolle im Heiligabendgeschehen spielen: Sie nimmt nicht nur ebenfalls häufig einen zentralen Ort im Raum ein, an ihr bzw. vor ihr fand und findet auch die ursprüngliche Feier dieses Abends statt, bei der sie auch eingebunden sein kann: „Die Krippe ist der Mittelpunkt dieser Feier, denn sie zeigt uns: Der Sohn Gottes wurde Mensch wie wir", heißt es im katholischen Gesangbuch „Gotteslob". Doch Handlungen an der Krippe gibt es auch schon vor der Heiligabend-Feier, bereits das Aufbauen ist ein eigenes Ritual, das teilweise Tage, bisweilen sogar Wochen vor dem Heiligabend beginnt. Wie der Christbaum ist die Krippe ein Element des Heiligen Abends, das erst allmählich und konfessionell unterschiedlich in die private Feier dieses Tages integriert wurde. Und ebenfalls ähnlich dem Christbaum lassen sich die Krippe und verschiedene Rituale an der Krippe nicht auf eine einzige Wurzel zurückführen. Es würde zu weit führen, die Geschichte der Krippe darzustellen; lediglich einige Skizzen seien gemacht:

„Krippe" meint als Wort zwar zunächst nur die Futterkrippe, in die das Jesuskind nach seiner Geburt gelegt wurde, in den meisten Fällen wird aber ein ganzes Ensemble, bestehend aus Stall, Ochs und Esel, Engel(n), Maria, Josef, Hirten mit Schafen und sogar noch den Heiligen Drei Königen mit ihren Tieren, als „Krippe" bezeichnet. Allerdings fasst auch die Krippe als Futterkrippe das ganze Paradoxon der göttlichen Geburt in Armseligkeit zusammen, weshalb mancherorts auch nur das Kind in der Krippe, Maria und Joseph aufgestellt werden.

Anfänge einer Verehrung der Krippe sind in Betlehem selbst zu finden. Hieronymus berichtet im 4. Jahrhundert von einer silbernen Krippe, die einen bis dahin wohl mit Lehm ausgeformten Felsentrog ersetzte. Eng mit dem Entstehen der Mitternachtsmesse an Weihnachten in Rom verbunden ist eine Grottennachbildung in der Krypta von Santa Maria Maggiore, die wiederum durch die Liturgiefeiern in Betlehem beeinflusst war; die dort (seit dem 12. Jahrhundert nachweisbar) verehrten hölzernen Krippenreliquien sind allerdings unecht.

Neben diesen örtlichen Vorbildern spielen auch bildliche Darstellungen der Geburt Jesu eine Rolle für die Entstehung der Krippe, wobei es gegenüber dem gängigen Schema des Krippenaufbaus unserer Zeit markante Unterschiede in früheren Darstellungen gibt (ein abseits sitzender grübelnder Josef, eine liegende Maria, der Prophet Jesaja wird als „Interpret" der Ereignisse mit dargestellt u. a.).

Der Typus der figürlichen Weihnachtskrippe ist bei Franz von Assisi und dessen Krippenfeier im Wald von Greccio (1223) greifbar, bei der er in einer Höhle oder Grotte eine leere Krippe aufbaute und lebende Tiere daneben stellte. Schon er verband den „Aufbau" dieser Krippe mit einer Deutung des weihnachtlichen Geschehens. Allerdings ist diese Krippe durchaus in der Tradition mittelalterlicher Spielhandlungen zu sehen.

Bereits aus der Zeit zwischen dem 9. und 11. Jahrhundert nämlich sind – ähnlich den Osterspielen, die sich aus Texten der Liturgie entwickelten – lateinische Weihnachtsspiele überliefert, die wohl in der Kirche (im Gottesdienst) aufgeführt wurden. Im Spätmittelalter entstanden zahlreiche solcher Weihnachtsspiele, die im Barock eine Hoch-Zeit hatten, während der Aufklärungszeit fast verschwanden, um erst danach bis heute wieder zu einem beliebten Brauch der Advents- und Weihnachtszeit zu werden.

Figürliche Nachbildungen der Krippe sind ab dem 15./16. Jahrhundert greifbar. Vor allem ist es der junge Jesuitenorden, der sich dieses Brauchs annimmt und ihn über die katholischen Länder Europas und in die Missionsgebiete hinein verbreitet. Auch andere Orden, Franziskaner, Kapuziner, Augustiner, förderten die Krippenfrömmigkeit.

Aus dem Raum der Kirche kam die Krippe erst nach 1600 in den Bereich der Familie, wobei sie – ähnlich dem Christbaum – von den höheren Schichten an die niederen weitergegeben wurde. Vor allem das Verbot der Aufstellung von Krippen in Kirchen, das in Österreich während der Aufklärungszeit aufgesprochen wurde, sorgte für ihre Verbreitung in den Familien. Hier wurden die Figuren auch kleiner, das wiederum förderte ihre Verbreitung und den Versand. Ganze Dörfer in Bayern, Tirol und dem Erzgebirge lebten von der Herstellung der Figuren für die Krippe, die gegen Ende des 18. Jahrhunderts schon in vielen katholischen Gegenden zunehmend zum familiären Festbrauch gehörten. Ein „Massenartikel" wurde sie aber erst im 19. Jahrhundert nicht zuletzt durch den Vertrieb papierner Krippenbögen zum Ausschneiden.

Die „katholische" Krippe

„Die vom heiligen Franziskus von Assisi (1223) aufgebrachte kindliche Sitte der Krippendarstellung trägt dem katholischen Empfinden mehr Rechnung als der symbolisch ärmere Weihnachtsbaum, der wohl in heidnischen Volksgebräuchen seinen Ursprung hat und germanischen Charakter trägt." So ein liturgisches Haus- und Schulbuch aus dem Jahr 1934. Obgleich die Krippe auch in evangelischen Gegenden schon um 1800 durchaus bekannt ist, gilt sie doch teilweise bis heute als katholischer Brauch des weihnachtlichen Geschehens. Von daher setzte sie sich in den evangelischen Familien nur allmählich durch, manchen evangelischen Christen bleibt sie bis heute fremd.

📖 Gegen Ende des vorigen Jahrhunderts (= 19. Jh.) gab es in Mettingen in den Familien weder Krippe noch Weihnachtsbaum. Eine Krippe mit Stall und Figuren war nur in der katholischen Kirche, wohingegen in der evangelischen Kirche ein geschmückter großer Weihnachtsbaum auf dem Chore aufgestellt war.

🗎 Meine Freundin bringt eine Krippe mit, es gibt immer einen Christbaum, der ist sehr wichtig, weil er eine wunderbare Atmosphäre und Stimmung bringt. Die Elemente der Krippe habe ich nicht im Gedächtnis, sie hat für mich als Evangelische keine besondere Bedeutung.

Die Krippe bildet nach Ansicht vieler Autoren das eigentliche Zentrum des Heiligabends, weil sie den Inhalt der Feier wiedergibt im Gegensatz zum Christbaum, der bei aller Symbolik seines Schmucks eben doch nur Schmuck ist. So wird denn auch immer wieder auf die höhere Bedeutung der Krippe hingewiesen: „Die Krippe ist mehr als der Christbaum Zentrum unseres Feierns. Eine besondere Beziehung bekommen die Kinder zu ihr, wenn sie – aus Holz, Ton, Stroh oder Stoff usw. – selbst hergestellt wurde. Wer eine künstlerisch wertvolle Krippe anschaffen will, kann dies nach Sammlerart tun: Jahr für Jahr wächst die Krippe um ein Stück. Das ist nicht nur finanziell erschwinglich, sondern hat auch für die Kinder wieder den Reiz der Neuheit", heißt es in einer kirchlichen Hilfe zur Gestaltung des Heiligabends aus den 1990er Jahren.

Krippe selbst gebastelt oder gekauft?

Lange Zeit galt die selbst hergestellte Krippe als Ideal. Nicht nur sei daraus – ähnlich den selbst gefertigten Geschenken – die „wahre" Liebe (gegenüber dem Heiland) zu spüren, die Herstellung wird auch als rechte Vorbereitung auf das Geheimnis des Weihnachtsfestes gewertet, wie Klara Wirtz noch Mitte des 20. Jahrhunderts schrieb: „Es sollte kein Heim geben, in dem nicht wenigstens der Stall zur Krippe selbst gebaut ist. Wo Kinder sind, kann die ganze Krippe aus frohem Schaffen erstehen. Solange die Kinder noch kleiner sind, können sie einen Krippenbogen ausschneiden. Die größeren schnitzen die Figuren als Laubsägearbeit oder kneten Kopf und Glieder aus Ton, Plastilin oder aus aufgeweichter und mit Leim durchsetzter Papiermasse und stellen durch Verbinden der Teile mit Draht bewegliche Figuren her, die angekleidet werden." – Heute können auch sogenannte Egli-Figuren Verwendung finden, die jeweils neu angekleidet werden.

☰ Wir haben als Kinder eine Krippe aus Modelliermasse gebastelt, die, obwohl die Figuren nicht so gelungen sind, alljährlich wieder aufgestellt wird.

☰ Eine Krippe steht jedes Jahr am Weihnachtsbaum, die wir (meine Mutter und wir Kinder) über Jahre hinweg gebastelt und immer mehr vervollständigt haben. Dort ist auch der Ort, an dem Weihnachtslieder gesungen werden.

Doch auch die gekauften Krippen haben natürlich ihren Wert, vor allem, wenn man die Krippenfiguren nach und nach erwirbt. Solch eine wachsende Krippe wächst einem besonders an Herz.

☰ Im Jahre 1950 – wir hatten 1945 durch Bombeneinwirkungen alles verloren, und meine Eltern waren dabei, Hausrat, Möbel usw. wieder neu zu beschaffen – stand zu unserer großen Freude unter dem Christbaum eine

Krippe, aber nur Maria, Josef, das Jesuskind und ein Schäfchen. Jedes Jahr kamen ein oder zwei weitere Figuren hinzu. Bis die Krippe allerdings vollständig war, vergingen vier Jahre, wobei die Heiligen Drei Könige einige Jahre nur leihweise in unserer Krippe standen, denn sie waren damals sehr teuer (eine Figur kostete zu der Zeit DM 8,95). Deshalb wurden die Heiligen Drei Könige also nach Weihnachten nicht mit den anderen Figuren eingepackt, sondern kamen wieder in das Geschäft zurück. Der Geschäftsinhaber war allerdings ein Freund meines Vaters. Später hat er ihm die Heiligen Drei Könige zum 50. Geburtstag geschenkt.

▣ Das Krippengebäude ist ein 100 Jahre altes Erbstück. Die alten Gipsfiguren werden Stück für Stück durch geschnitzte Figuren aus Südtirol ersetzt. Hl. Familie, Engel, Hirten, Hl. Drei Könige.

Die auf Kinder abgestimmte Herstellung einer Krippe kann zu der Meinung verführen, dass sie vor allem für Kinder gedacht ist, so dass die Krippe vielleicht auch dann aus dem Heiligabend-Ritual verschwindet, wenn die Kinder größer oder aus dem Haus sind.

▣ Der Jüngste darf die Krippe aufbauen.

▣ Eine Krippe wird immer noch aufgebaut, obwohl die Kinder inzwischen schon erwachsen sind. Sie besteht aus einer Wurzel, die wir vor vielen Jahren, als die Kinder noch klein waren, gefunden haben. Diese dient als „Stall". Dazu haben wir die hl. Familie, zwei Hirten und Ochs und Esel.

Auch kann dies dazu führen, dass die Krippe zum „Spielzeug" wird, das Aufstellen zum Kinderspiel. In einer Zeitschriften-Anzeige wird das auch direkt so ausgedrückt: „So richtig zum ‚Anfassen' und Spielen ist sie konzipiert, die Weihnachtskrippe von Ostheimer ..." Und natürlich wundert es in diesem Zusammenhang nicht, dass es längst auch eine Krippe von Playmobil gibt.

Freilich ist auch die Krippe häufig ein Schmuckelement des Weihnachtszimmers: Oft wird auf die Krippe auch aus Gleichgültigkeit gegenüber dem christlichen Weihnachtsfest ganz verzichtet bzw. sie wird aus Protest umgestaltet:

☞ Eine Krippe ist zwar da, ist aber reine Dekoration.

☞ Unsere Krippe besteht aus Ü-Ei-Figuren, weil wir diesen Jesus-Kram blöd finden. Jesus: Babyschlumpf; Heilige 3 Könige: verschiedene Snoopy-Figuren; Engel: Spiderman; Maria und Josef: nicht vorhanden.

Das Aufbauen der Krippe

Zu den Ritualen des Heiligen Abends zählt vielerorts das Aufbauen der Krippe, das, je nachdem, ob die Kinder überrascht werden sollen oder nicht, im Geheimen geschieht oder aber gemeinsam verrichtet wird. Heute werden immer häufiger auch die Kinder mit daran beteiligt, die den Eltern zur Hand gehen können.

☞ In der Regel bauen mein Vater und ich am 23. 12. die Krippe auf (da sie 3 Quadratmeter groß ist, brauchen wir dafür einen halben Tag).

Auch mit dem Aufbauen der Krippe kann sich – ähnlich dem Weihnachtsbaum – eine Deutung der einzelnen Figuren verbinden, wie von manchen religiösen Autoren gewünscht wird.

☞ Ich halte für mich eine kleine Andacht beim Aufbauen.

Wo eine Krippe bereits vorhanden ist, wird möglicherweise ein besonderer Augenmerk auf die Gestaltung der „Landschaft" gelegt. Die Gestaltung einer Krippenlandschaft bzw. eines Krippenberges kann schon bei den herbstlichen Wanderungen zum Sammeln anregen: Moose und seltene Steine, Wurzeln, Zweige und Rinden, die dann rechtzeitig zusammengebaut werden. Das macht dann die Krippe oft zu einem umfänglichen Kunstwerk.

🐚 Als dann endlich die Glocke erklingt (das ist ein Zwerg, der die Glocke huckepack trägt) und die Tür zum Weihnachtszimmer geöffnet wird …, rutscht Robert vom Sofa und läuft auf Wilhelms zauberhaft erleuchtete Krippe zu, die das Zimmer terrassenartig anfüllt. *(Walter Kempowski, Schöne Aussicht)*

In manchen Häusern gehört die Krippe auch zum vorweihnachtlichen Accessoire. Das ist nicht negativ gemeint – denn wie es manchmal üblich ist, dass schon am Heiligen Abend bzw. an Weihnachten die Könige zu sehen sind und dann Tag für Tag ein Stück näher kommen, so wird bisweilen die Krippe bereits im Advent aufgebaut und jeden Tag auf Weihnachten hin ergänzt. Teilweise wird dies auch so vorgeschlagen. Es handelt sich um einen Verheißungs-/Vorbereitungsbrauch ähnlich dem Adventsbaum, dem Adventskranz, der Adventspforte, der Adventsuhr, die vor allem im evangelischen Bereich bis in das 20. Jahrhundert hinein weite Verbreitung gefunden hatten.

☞ Natürlich gibt es eine Krippe. Es ist eine „Herrnhuter" genannte Krippe aus der letzten Jahrhundertwende mit Figuren aus Pappmaché. Die Figuren (natürlich nur Maria und Josef) werden den Advent über jedes Jahr von den Kindern auf einem langen Fensterbrett neu inszenierten Krippenweg entlang geführt, ehe sie dann Heiligabend im Stall unter dem Weihnachtsbaum anzutreffen sind (jetzt natürlich mit Kind in der Krippe).

☞ Es gibt eine Krippe und einen Christbaum. Die Krippe ist leer, Maria und Josef wandern im Advent durchs Wohnzimmer und stehen erst am 24. mit Kind in der Krippe.

☞ Die Krippe wird schon zum 1. Advent aufgestellt, jedoch ohne Jesuskind in der Krippe, das kommt erst am Heiligabend dazu. Der Kleinste darf das Jesuskind in die Krippe legen.

☞ Auf dem Küchentisch meiner Mama steht die heilige Familie das ganze Jahr über.

Ein ganz anderes Moment der Krippenvorbereitung während der Adventszeit war früher das Sammeln von Strohhalmen; jeder Verzicht auf Süßigkeiten (Advent als alte Fastenzeit ...), ein Gebet o. ä. war ein „Strohhalm für die Krippe Jesu", der solchermaßen nicht auf Stroh gebettet war, sondern auf guten Werken und frommem Gebet ...

📖 Schon vom 1. Adventssonntag an wurde für jedes Vaterunser, das wir gebetet haben, ein Strohhalm aufbewahrt. Wir Kinder waren eifrig dabei zu beten. Von den Strohhalmen hat unsere Mutter eine Krippe gemacht und das Christkindlein hineingelegt. *(Löcher)*

📖 Die Krippe selbst stand noch bis zum letzten Tag in der Wohnküche. Und wir Kinder bemühten uns, recht viele Strohhalme hineinlegen zu dürfen ... Trauer und Reue waren groß, wenn etwa ein Halm oder mehrere wieder herausgenommen werden mussten. *(Bögner)*

„Krippenfeier"

Je nach Bedeutung erhält die Krippe auch einen entsprechenden Standort, wird an ihr oder vor ihr die Andacht des Heiligabends vollzogen. So wurde auch vor allem von katholischer Seite betont, dass die Krippe eigentlich der Mittelpunkt der Familienfeier sein sollte, wichtiger als der Christbaum, weil sie zeigt, was Weihnachten letztlich beinhaltet: die Geburt unseres Erlösers als ein Kind in seiner ganzen „Armseligkeit".

🖃 Obwohl wir nicht um die Krippe herumsitzen, steht sie für mich im Mittelpunkt der „Konzentration" des Raumes. Es ist die Krippe meiner Kindheit, deshalb wohl.

„Unter den Christbaum gehört die Weihnachtskrippe", beschied Otto Schlißke kurz und knapp. Tatsächlich findet es sich häufig, dass die Krippe unter dem Weihnachtsbaum ihren Platz hat, wobei sich der Baum und die rustikalen Krippenlandschaften mit Tannenholz, Baumwurzeln und Moos zu einer Kulisse gut verbinden. Baum und Krippe – die beiden großen Symbole des Heiligabends scheinen auf diese Weise geradezu ideal kombiniert. Auf die Art und Weise kommt dann doch zusammen, was sich konfessionell einmal gegenüberstand.

🕊 Die schöne Krippe mit Wachsfigürchen, die Bertram der kleinen Lisa geschenkt, ist vor dem Baume aufgestellt. *(Thomas Mann, Tagebuch 1918)*

🖃 Unter unserem Christbaum steht immer eine Krippe. Nach der Messe wird immer das Christuskind in die Krippe gelegt und getragen.

Insofern sich die „Liturgie" des Abends an der Krippe abspielen kann, wird sie auch „Krippenfeier" genannt. Dabei kann die Krippe aber auf besondere Weise in das Geschehen mit einbezogen werden; die verschiedenen Hilfen älterer und neuer Zeit machen dazu unterschiedliche Vorschläge: z. B. Kerzen entzünden an der Krippe, verbunden jeweils mit einem besonderen Wunsch um Freude, Hoffnung, Frieden, Liebe; das Licht für die Christbaumkerzen wird von der Krippe genommen; während der Feier können die einzelnen Krippenfiguren aufgestellt werden (verbunden mit entsprechenden Gesängen); passende Lieder („Ich steh an deiner Krippe hier"), ein besonderes Gebet an der Krippe.

▣ Es gibt sowohl einen Christbaum als auch eine (selbstgebaute) Krippe. Man betet am heiligen Abend gemeinsam auch zu Hause.

Natürlich stellt das auch eine hohe Anforderung an die religiöse Ausprägung innerhalb einer Familie oder Gruppe. Deshalb wird sie wohl häufig nicht oder nur in reduzierter Form (Lied) gemacht.

▣ Meine Eltern haben ... eine große Krippe mit sehr vielen Figuren von Maria und Josef über die Schäfer bis hin zu Kamelen. Jeder aus der Familie hat eine Krippenfigur, die sozusagen seine ist. Eine Andacht gibt es dabei nicht, allerdings bestaunen wir die Krippe immer wieder.

▣ Es gibt keine Andacht. Dafür sind meine Eltern nicht zu gewinnen, da sie nicht sonderlich kirchlich sind. Ich mache das mit mir allein aus und besinne mich still vor der Krippe und segne die Krippe.

„Das Glöckchen erklingt, ihr Kinder, herein ..."
Das Weihnachtszimmer

Das letzte Lied heißt: „Der Christbaum ist der schönste Baum",
zu dem weiß Lisbeth eine zweite Stimme. Zwölf Strophen hat das
Lied, so kommt es den Kindern jedenfalls vor. Bei der zehnten
etwa versucht auch Lene, diese sehr einfache, ja geradezu logi-
sche zweite Stimme mitzusingen, was Lisbeth zu stärkerem Singen veranlaßt – und während sie das Lied auf diese Weise fast
schreien, geht der Vater in das Weihnachtszimmer hinüber und
zündet die Kerzen an, wofür er einen langen Apparat aus Mes-
sing hat, ein Rohr mit einer Wachsschnur drin, die hochgescho-
ben wird. Diese Kerze noch und diese Kerze noch und dann,
dann endlich läutet er die Weihnachtsklingel, das ist ein Mes-
singzwerg, der eine Glocke huckepack trägt, öffnet die Schiebe-
türen langsam und feierlich – erst rechts, dann links (den Fest-
steller auch mal wieder ölen, das ist ja ein ganz verflixtes Ding!)
bis sie ganz das Wunderbare freigeben: Oh, dieser Glanz!
Da darf man nicht etwa gleich hineinstürzen, da muß erst mal
an der Tür stehengeblieben und der bunt glitzernde Baum ange-
guckt werden, in dessen Spitze ein Glockenspiel in klaren, zar-
ten Tönen läutet.

Walter Kempowski, Aus großer Zeit

Eine besondere Feier verlangt nach einem besonderen Raum.
Immer wieder kann man davon hören oder lesen, dass die
familiäre Feier des Heiligen Abends, zumindest aber die Bescherung, in einem „Weihnachtszimmer" stattfindet – sofern es
vorhanden ist. Verschiedene Gründe mögen zu diesem besonderen Raum führen: Die Erleichterung der Vorbereitung des Abends
mit dem Herrichten des Christbaums, der Krippe und der Geschenke; die damit verbundene Möglichkeit der Überraschung
und Inszenierung; aber auch Gründe der Dramatisierung des
Weihnachtsgeschehens und ihrer Botschaft In letzterem Zusam-

menhang spielen die verschlossene Tür und auch das Glöckchen eine wichtige Rolle.

Der besondere Raum

Natürlich hängt die Möglichkeit, ein eigenes, besonderes Zimmer für die Feier des Heiligabends zu reservieren, mit der Größe der Wohnung und der Zahl der vorhandenen Zimmer zusammen; es ist zu vermuten, dass sich diese Form der Gestaltung des Heiligen Abends über das gehobene Bürgertum entwickelt hat, wo es solche eigenen Repräsentationsräume gab, Räume, die nur zu besonderen Anlässen genutzt und ansonsten geschont wurden (Wohnzimmer). Nicht nur in städtischen Häusern, auch in größeren Bauernhöfen gab und gibt es diese.

📖 Soweit ich noch erinnern kann, wurde Weihnachten stets mit einem Weihnachtsbaum in der „besten Stube" – eine solche „kalte Pracht" gab es um 1900 herum in allen Bauernhäusern – gefeiert. Wir durften nicht zusehen, wie er hergerichtet und in das Weihnachtszimmer gebracht wurde, er stand halt am Weihnachtsmorgen, buchstäblich vom Himmel gezaubert, da. *(Sauermann, Westfalen)*

📖 Das Weihnachtszimmer war [...] das so genannte Besuchszimmer, wo das Jahr über am Sonntagmorgen Gäste empfangen wurden. So war dies für uns ein ganz besonderer Raum, und dies erhöhte die Spannung. *(Löcher)*

🖃 Mein Opa hatte früher einen Bauernhof und dort war es so üblich, dass wir nur zu besonderen Anlässen, Taufe, Geburt oder Weihnachten, in die „gute Stube" durften – sonst wurde das Zimmer nicht benutzt.

Mancherorts fand die Feier des Heiligabends in der Küche statt. Einen abgeschlossenen Raum zu finden, ist bei großen, ineinandergehenden Räumen oder kleinen Wohnungen ohnehin nicht so einfach:

🖃 Früher war das Wohnzimmer vor Weihnachten einige Tage abgeschlossen und wurde erst vom Christkind mit dem Glöckchen wieder geöffnet. Heute findet alles im Wohn-Ess-Bereich statt.

⌨ Leider habe ich nur eine 2-Zimmer-Wohnung. In meiner Kindheit gab es eine gute Stube. Die durfte vorher nicht betreten werden.

Wo dieses besondere Zimmer nicht vorhanden ist, kann vielleicht wenigstens eine Tür, ein Vorhang oder ähnliches für eine Abtrennung sorgen:

🕮 So ein richtiges Weihnachtszimmer hatten wir nicht zu bieten. Dafür hatten wir aber die Schiebetür. *(Ernst Heimeran, Der Vater und sein erstes Kind)*

Wilhelm Heinrich Riehl, ein Journalist und früher „Volkskundler" aus dem 19. Jahrhundert, hob in seiner Darstellung „Die Familie" die deutsche Sitte gegenüber der englischen und französischen ab und stellte im Blick auf Frankreich fest, dass man dort den grünen Tannenbaum in den Salon aufstellt, „wir aber pflanzen ihn in das Kinderzimmer, in das innerste Familienheiligtum des Hauses". Überhaupt ziehe sich das deutsche Haus in sich selbst zurück, während sich das englische Haus am Weihnachtstage erweitere.

Wie die familiäre Feier des Heiligabends ein Abbild und Ersatz der liturgischen Feier in der Kirche darstellt, so entspricht das besonders gestaltete häusliche Zimmer in gewisser Weise dem kirchlichen Festraum: „Am Heiligen Abend öffnet sich die Tür zu Gottes Weihnachtsstube. Sie wird abgespiegelt durch alle irdischen Weihnachtsstuben auf dem Erdenrund. Und sei es die engste und ärmlichste Kammer: sie ist hineingenommen in den himmlischen Glanz, der Herzen glücklich macht", schreibt Gertrud Weinhold.

📖 Es ist ... eine wunderbare Stimmung, wenn man gerade vom Christkind aus der Kirche zum „Christkind" in die beste Stube gehen kann. *(Sauermann, Westfalen)*

Die verschlossene Tür

Zum besonderen „Weihnachtszimmer" wird dieser Raum nicht nur durch seine Ausstattung sondern auch durch die Abgeschlossenheit. Deshalb spielt die (verschlossene) Tür bis heute eine wichtige Rolle. Sie fordert zunächst einmal Geduld beim Warten, verzögert und verlangsamt das Geschehen, und schafft so nochmals ein geradezu adventliches Momentum im Heiligen Abend, wie es auch in *Theodor Storms* Erzählung *„Unter dem Tannenbaum"* anklingt:

🥬 Während die Mutter nebenan im Wohnzimmer noch das Fest bereitete, blieben Vater und Sohn allein; kein Onkel Erich kam, ihnen feiern zu helfen. Es war doch anders als daheim. Ein paarmal hatte Harro mit bescheidenem Finger an die Tür gepocht, und ein leises „Geduld!" der Mutter war die Antwort gewesen.

Ähnlich wie die verhüllten Kreuze und Bilder in der Kirche während der letzten zwei Wochen vor Ostern kann das Verschließen des Raumes auch für eine besondere Intensität des Festgedankens sorgen.

🥬 Schon seit einiger Zeit war uns der Zutritt an einige Orte nicht gestattet. Ein Nebelflor hüllte alles geheimnisvoll ein, damit dann umso mächtiger die Freudenstrahlen der Christfestsonne hindurchbrächen. *(Friedrich Nietzsche, Tagebuch 1856)*

Auch wo der Raum nicht verschlossen ist oder verschlossen werden kann, bleibt er doch eine Art „Tabuzone":

🗐 Der Baum steht mitten im Wohn-Essbereich. Der wird an diesem Tag von jedem gemieden, der nicht unbedingt dort sein muss. Jeder schleicht zwischen Gottesdienst und Bescherung irgendwann hinein und legt Geschenke unter den Baum. Nach dem Glöckchenklingeln betreten alle den Raum gemeinsam.

Eine ganz eigene quasi-liturgische Funktion hat die verschlossene Tür des Weihnachtszimmers in der familiären Feier, wie sie in einem Bericht aus dem Buch von Dieter und Vreni Theobald anklingt:

„Nach dem Abendessen versammeln wir uns alle im großen Foyer. Die Weihnachtsstube ist noch verschlossen. Das hat seine Bewandtnis. Im christlichen Namenskalender stehen heute am Heiligabend ausnahmsweise zwei Namen: Adam und Eva. Die Väter der frühen Kirche haben diese beiden bewusst auf den Vorabend des Weihnachtstages platziert.

Sie wollten daran erinnern: Durch den ersten Menschen – Adam – ist die Sünde in die Welt gekommen, weil er vom Baum des Paradieses aß und damit Gottes Gebot übertrat. Was aber Adam für sich und seine Nachkommen verloren hat, das brachte der zweite Adam – Christus – wieder. [...] Darum gehören Adam und Eva am Heiligabend dazu! So stehen wir nun alle vor der verschlossenen Weihnachtsstube. Ich lese die Geschichte vom Sündenfall, aber auch, was der Apostel Paulus in Galater 4 geschrieben hat: ‚Als die Zeit erfüllt war, sandte Gott seinen Sohn ...‘ Jesus hat mit seinem Kommen den Zugang zum Vater wieder geöffnet. Mit großer Freude vernehmen wir diese Botschaft. Und dann ertönt es froh und kräftig durch die Eingangshalle: ‚Heut schließt er wieder auf die Tür zum schönen Paradeis; der Cherub steht nicht mehr dafür: Gott sei Lob, Ehr und Preis.‘ – Jetzt darf sich die Tür zum Weihnachtszimmer öffnen. Von innen ertönt das helle Weihnachtsglöcklein. Wir sind eingeladen zum Kommen."

Das Öffnen der Tür ist also ein dramatisierendes Umsetzen der Botschaft, dass wir wieder Zugang zum „Paradies", zu Gott, haben. – Hintergrund dieser früher durchaus verbreiteten Feierform sind letztlich die mittelalterlichen Paradiesspiele, welche die Vertreibung Adams und Evas aus dem Paradies zum Inhalt hatten, und mit denen wiederum manche weihnachtliche Symbolik (Baum, Apfel) zusammenhängt. – Der Heiligabend hieß wohl auch teilweise „Adam und Eva", das kalendarische Gedenken der Stammeltern ist mit diesem Tag verbunden.

☞ Vor dem Einzug in die Weihnachtsstube wird ... mit einem Glöckchen dreimal geklingelt, ehe die Familie feierlich einzieht. Dazu wird die sechste Strophe des Lutherchorals „Vom Himmel hoch" gesungen: „Des lasst uns alle fröhlich sein / und mit den Hirten gehen hinein / zu sehn, was Gott uns hat beschert, / mit seinem lieben Sohn verehrt."

Das Glöckchen

Zu den Requisiten, die bis heute zum Heiligabend-Ritual zählen, gehört das Glöckchen, mit dem vor dem Öffnen der Türen des Weihnachtszimmers geklingelt wird. Auch Paul Löcher schreibt:

»Doch nicht alle zugleich!!!«

„Wenn man in unseren Erinnerungen liest, ist man geradezu versucht, dem Glöckchen neben dem Christbaum und der Krippe den Rang eines dritten markanten Weihnachtssymbols zuzuerkennen. Immer und immer wieder klingelt es durch die Berichte." Es ist zunächst ein akustisches Signal, das eine vielleicht ursprünglich mündliche Mitteilung über die Bereitung des Weihnachtszimmers ersetzt und auch anders gegeben werden kann.

In der Spinnstube wurde die Spannung immer größer, bis dann endlich Vater oder Mutter die Nachricht brachten, ES sei dagewesen! Nun stürmte alles in die gute Stube. *(Sauermann, Westfalen)*

✆ Nun blies ich mit dem Munde trompetenartig den Dessauer Marsch, alle bliesen mit, und wir marschierten im Paradeschritt bis zum Weihnachtszimmer. Hier löste sich sogleich alle Ordnung auf, die Kinder schrien und rannten nach ihren Sachen, die Alten überließen sich Rührungen, bis sie im Nebenzimmer den Teetisch umsäumten. *(Wilhelm von Kügelgen, Lebenserinnerungen)*

▭ Mein Vater legte eine alte Weihnachtsplatte mit Kirchengeläut auf und wir durften kommen.

▭ Zu Hause wärmten wir uns zunächst in der Küche auf und warteten, bis das Glockenläuten auf der Grammophonplatte einsetzte, dann gingen Mutter und ich in die Stube ...

Dieses Signal oder eben auch das Glöckchen markiert den Übergang von der Feier zum Bescheren bzw. auch schon zur weihnachtlichen Feier, mit seinem Klang öffnet sich der Weihnachts-Raum. Das Warten auf die Bescherung bzw. den Eintritt ins Weihnachtszimmer ist in diesem Warten auf das Glöckchen beinhaltet. Immer wieder wird auch sein „silberheller" Klang beschrieben. Dieser Klang ist irgendwie himmlisch und wird von daher auch gern mit dem Engel oder dem Christkind assoziiert, die gerade durchs Zimmer gehen und die Geschenke hinterlegen. Keinem anderen weihnachtlichen Geräusch wird daher so entgegengefiebert ...

✆ Inzwischen hat unser Vater auf Zehenspitzen und für uns unhörbar das Zimmer verlassen, um die Lichter am Christbaum und an der Krippe anzuzünden und noch einmal einen Blick auf Mamas Weihnachtstisch zu werfen. Plötzlich klingelt sehr hell ein Glöckchen. Wir Kleinen wissen, das tut das Christkind, das ja auch unsere Wunschzettel vom Fensterbrett holte und überhaupt alles schenkt, selbst den Christbaum. *(Sabine Leibholz-Bonhoeffer, Weihnachten im Hause Bonhoeffer)*

📖 Nun musste es doch bald läuten! Und es läutete! Lange – und ein zweites und drittes Mal! So läutete es nur einmal im Jahr! Wir stürzten ins Vorzimmer – da sahen wir durch die Glastür im Speisezimmer den Kerzenschein aus dem Weihnachtszimmer. Dieser Moment war der schönste des ganzen Abends. *(Blaumeiser / Blimlinger)*

🖙 Endlich, endlich tönte die Klingel, die Tür ging auf – Ah! – da stand der Tannenbaum mitten in der Stube auf dem runden Tisch … *(Fritz Reuter, Ut mine Stromtid)*

So sehr gehört das Glöckchen in den Ablauf dieses Abends, dass es manch einer sogar für sich selbst läutet, wie es *Karl Heinrich Waggerl* mit feinem Humor in seinem Roman *„Das Jahr des Herrn"* den kleinen David tun lässt. Der etwa zwölfjährige Knabe lebt allein unter dem Dach des Armenhauses, hat sich aber den tristen Raum einigermaßen „wohnlich" gemacht, u. a. durch einen Schrank (Kasten) ohne Rückwand, der ihm als Tür dient … Und zu Weihnachten hat er sich sogar einen kleinen Baum besorgt, mit Kerzenstummeln aus der Kirche geschmückt, die er nun entzündet:

🖙 Zuletzt schleicht er auf den Zehenspitzen hinaus, schließt die Kastentüren und wartet eine Weile auf dem finsteren Dachboden. Kling, kling, sagt David, dann macht er die Türen wieder auf und steht überwältigt vor der gleißenden Pracht. Summend und voll Staunens geht er um den Baum herum und schlägt die Hände zusammen und betrachtet alles, was er sich selbst beschert hat …

Und wenn schon die Kinder vor der verschlossenen Tür singen müssen, dann passt auch ein bestimmtes Lied dazu:

🗐 So lange ich schon denken kann, schellt jemand ein Glöckchen im Weihnachtszimmer als Zeichen, dass das Christkind das Betreten dessen jetzt erlaubt (wurde in der Kindheit heimlich vom Vater vorgenommen, während wir Kinder „Kling Glöckchen" sangen).

Das auch gern gesungene „Ihr Kinderlein, kommet" ist eine Einladung zur Krippenandacht. – Wie das besonders gestaltete Weihnachtszimmer den kirchlichen Festraum abbildet, so gleicht das Glöckchen den Glocken, die in der Nacht die Gläubigen zum Gottesdienst rufen. Der Theologe und Lyriker *Karl (von) Gerok* (1815–1890) hat dies in einem Gedicht auch so zum Ausdruck gebracht:

Das Glöckchen erklingt: ihr Kinder, herein!
Kommt alle, die Türe ist offen!
Da steh'n sie, geblendet vom goldigen Schein,
von Staunen und Freude betroffen.
Wie schimmert und flimmert von Lichtern der Baum!
Die Gaben zu greifen, sie wagen's noch kaum,
so steh'n sie verzaubert in seligem Traum.
So nehmt nur mit fröhlichen Händen,
ihr Kleinen, die köstlichen Spenden!

Und mächtig ertönen die Glocken im Chor,
zum Hause des Herrn uns zu rufen.
Das Fest ist bereitet und offen das Tor,
heran zu den heiligen Stufen!
Und steht ihr geblendet vom himmlischen Licht,
und fasst ihr das Wunder, das göttliche nicht:
ergreift, was die ewige Liebe verspricht,
und lasst euch den seligen Glauben,
ihr Kinder des Höchsten, nicht rauben.

Und hat er die Kinder nun glücklich gemacht,
die großen so gut wie die kleinen,
dann wandert der Engel hinaus in die Nacht,
um andern zum Gruß zu erscheinen.
Am Himmel, da funkeln die Sterne so klar,
auf Erden, da jubelt die fröhliche Schar.
So tönen die Glocken von Jahr zu Jahr,
so klingt es und hallt es auch heute,
o seliges Weihnachtsgeläute.

„Schöne Bescherung!"

Die Geschenke

Auf den 6 Beisetztischen lagen die Geschenke.
„Kuckt erst mal den Baum an, ist er nicht wunderschön?"

Walter Kempowski, Tadellöser & Wolff

Nun aber endlich die Geschenke. Sie stellen ohnehin heute anscheinend das Wichtigste dar, Weihnachten ist das „Geschenkfest" schlechthin und die Heiligabendfeier wird oft auch nur „Bescherung" genannt. Die Geschenke rangieren in der Wertigkeit weit vor anderen Elementen des Heiligen Abends. Doch die Ursachen für das Schenken an diesem Tag sind nicht allein im Weihnachtsfest zu suchen. Es kommen vielmehr Schenkbräuche verschiedener Herkunft zusammen, die inzwischen an Weihnachten zusammenfallen.

Schon in der christlichen Antike wurde aufgefordert, an Weihnachten den weniger Begüterten zu geben, damit auch sie an der Festfreude Anteil haben können. Diese Form des caritativen Schenkens gibt es bis heute in unterschiedlicher Form – häufig institutionalisiert – in der Advents- und Weihnachtszeit (vgl. S. 117 f.).

Noch älter ist der Brauch, gegen Jahresende bzw. zu Neujahr als Dank und Anerkennung für geleistete Dienste kleine Geschenke zu überreichen; er ist uns schon aus vorchristlicher, römischer Zeit überliefert. Diese Neujahrsgaben leben in den Geldspenden an Brief- und Zeitungsträger oder die Müllabfuhr zum 1. Januar fort – oder eben auch schon zu Weihnachten und auch in den Weihnachtsgratifikationen („Weihnachtsgeld").

In einer Familienchronik aus der zweiten Hälfte des 16. Jahrhunderts kann man nachlesen, wie der Chronist, Herrmann von Weinsberg, am Heiligen Abend „offergelt" verteilt, meist eine Geldspende, verbunden mit einem Segenswunsch für das neue Jahr.

Das hängt damit zusammen, dass in Köln, wo die Familie ansässig ist, im Mittelalter das neue Jahr mit Weihnachten beginnt. Zwar wurde hier schon 1550 Neujahr offiziell am 1. Januar begangen, doch in den Familien hielt sich die ältere Gewohnheit länger. Einen eigenen Beitrag zur Schenkkultur an Weihnachten leisteten auch die Weihnachtsmärkte. Sie hatten seit dem ausgehenden 18. Jahrhundert ihren ursprünglichen Platz nahe einer großen Kirche, nicht zuletzt, um die Kauflust der Stadt- und Landleute vor und nach dem weihnachtlichen Kirchgang anzureizen. Dabei machte die Feststimmung durchaus auch den Geldbeutel locker, so dass nicht nur Gegenstände für den täglichen (eigenen) Bedarf eingekauft wurden, sondern auch darüber hinaus manches an Nichtalltäglichem und zum Verschenken seinen Abnehmer fand.

Vor allem aber ist der Bescherbrauch am 24./25. Dezember vom Nikolaustag (6. Dezember) her beeinflusst. Das geht auf manche Legenden zurück, die sich um den Bischof von Myra gerankt haben. Vor allem die sogenannte Schülerlegende, nach der Nikolaus drei ermordete und eingepökelte Schüler zum Leben erweckte, bekam hohen Stellenwert in den Schulen, bei den Schülern und Studenten. Im Zusammenhang mit der Einführung eines „Kinderbischofs" (vom Tag der Unschuldigen Kinder am 28. Dezember herrührend und möglicherweise von den römischen Saturnalien mit beeinflusst), wurden zum Ausgang des Mittelalters Spiele veranstaltet, in denen der verkleidete Bischof Nikolaus die Kinder (Schüler) examinierte, bestrafte oder mit Gaben belohnte. – Eine andere Herleitung des Gaben bringenden Nikolaus' ist die so genannte Jungfrauenlegende; nach dieser habe Nikolaus noch vor seiner Zeit als Bischof drei Jungfrauen vor der Prostitution gerettet, indem er an drei Abenden jeweils einen Beutel mit Gold durch das Fenster in das Haus des verarmten Vaters geworfen habe. Mit dieser Legende stützten schon die Historiker der Reformationszeit den etwa seit 1500 belegten Brauch, dass der Nikolaus am Vorabend seines Gedenktages (5. 12., dem „Niklausabend") Gaben in die Schuhe der Kinder stecke.

Die Verlagerung des Geschenkbrauches vom Nikolaustag auf Weihnachten geschah während der Reformationszeit; noch 1535 bescherte bei Martin Luther der heilige Nikolaus, später tat dies der „Heilige Christ". Luthers Frage an seine Tochter: „Lenichen, was mag dir der Heilige Christ bescheren?", war wohl noch in einem geistlichen Sinn gemeint. So spricht Luther ja in seinem Lied „Vom Himmel hoch" davon, „... zu sehn, was Gott uns hat *beschert*" – und in dem Weihnachtslied „Lobt Gott, ihr Christen alle gleich" des lutherischen Dichters Nikolaus Hermann heißt es, dass Gott sein Himmelreich aufschließt „... und *schenkt* uns seinen Sohn". Die wenigen Geschenke, die es zu seiner Zeit gegeben haben mag, deuten dies aus.

Zum häuslichen Geschenkfest wurde Weihnachten aber erst in nachreformatorischer Zeit und in höheren Schichten. Mit der Zeit wird die Bescherung immer vordergründiger, materieller und zentraler. In der schon genannten Erzählung *„Die Weihnachtsfeier"* von *Friedrich Schleiermacher* beschenken sich die Teilnehmer der Feier auf geradezu moderne Art äußerst kreativ und gestalten so diesen Part des Abends zu einem Höhepunkt. Nach Ingeborg Weber-Kellermann ist es vor allem die Zeit des Biedermeier, in der das bürgerliche Familienleben der Schenkkultur einen neuen Boden bereitete. „Im Schoß der Bürgerfamilie wuchs der Eigenbereich des Kindes, entfaltete sich ein innig ausgestalteter Lebensbereich um die Mutter als Zentrum bürgerlicher Häuslichkeit. Spielzimmer und Spielmöglichkeit, aber auch Spielverständnis seitens der Eltern verwandelten die Jahresfeiern zu Familienfesten mit dem vornehmlichen Sinn, den Kindern Spielzeug zu schenken. So kam es, dass der Bedarf an Spielzeug und sein Formbestand gerade mit dem aufblühenden 19. Jahrhundert einen großen Zuwachs erhielt, der zu einer lang anhaltenden Konjunktur für den Spielzeughandel führte."

Wie sehr die Geschenke und das Schenken bis heute überhand genommen haben, zeigt der Vorwurf des „Konsumterrors", der mit dem Weihnachtsfest (schon länger) in Zusammenhang gebracht wird. Mag dieser Vorwurf auch in manchem unberechtigt sein (man kann sich diesem „Terror" durchaus entziehen, man muss auch bedenken, dass ein sehr großes Potenzial an „Gutes tun" damit verbunden ist), er zeigt doch ein Gespür dafür, dass in der Vordergründigkeit der Geschenke eine Ungleichgewichtigkeit der Elemente des Weihnachtsfestes zum Ausdruck kommt und dass Weihnachten mehr oder zumindest noch etwas anderes meint. So stellen die Geschenke einen wesentlichen Ausdruck des weihnachtlichen Geschehens und zugleich dessen Bedrohung dar ...

▣ Es wird kurz „Frohe Weihnachten" gewünscht, dann geht die Ekstase los, besonders die Kinder werden regelrecht mit Geschenken überhäuft. Manchmal kann man wegen der durch die Luft fliegenden Papierfetzen nicht mehr von der einen Wand zur anderen sehen.

Andererseits stellt selbst die große Zahl an Geschenken das Besondere, die Fülle, das den Alltag überschreitende Maß des Außergewöhnlichen dar, das dem Fest eigen ist, dem Weihnachtsfest zumal: „Aus seiner Fülle haben wir alle empfangen, Gnade über Gnade" (Joh 1,16).

🐝 Als unser kleines stilles Christfest beendet war, noch vor zehn Uhr am Abend des 24. Dezember, war ich müde genug, um mich auf Nacht und Bett und vor allem darauf zu freuen, daß nun zwei ganze Tage ohne Post und ohne Zeitung vor uns lagen. Unsere große Wohnstube, die sogenannte Bibliothek, sah ebenso unordentlich und abgekämpft aus wie unser Inneres, aber viel heiterer [...], gaben doch das Tannebäumchen mit den herabgebrannten Kerzen, das Durcheinander von farbigen, goldenen und silbernen Papieren und Bändern und auf den Tischen die Blumen, die übereinandergeschichteten neuen Bücher, die teils straff, teils müde und halb eingesunken an die Vasen gelehnten Malereien, Aquarelle, Steinzeichnungen, Holzschnitte, Kindermalereien und Fotografien der Stube eine ungewohnte und festliche Überfülltheit und Bewegtheit, etwas von Jahrmarkt und etwas von Schatzkammer, einen Hauch von Leben und von Unsinn, von Kinderei und Spielerei. Und dazu kam die Luft, die mit Düften ebenso ungeordnet und übermütig beladene Luft mit dem Neben- und Ineinander von Harz, Wachs, Verbranntem, von Backwerk, Wein, Blumen. Des weiteren stauten sich im Raume und in der Stunde, wie es alten Leuten zukommt, die Bilder, Klänge und Düfte von vielen, sehr vielen Festen vergangener Jahre ... *(Hermann Hesse, Weihnacht mit zwei Kindergeschichten)*

Geschenke erst nach dem Gottesdienst

Dass es lange durchaus ein Bewusstsein für diese Zusammenhänge gab, zeigt sich darin, dass die Geschenke – teilweise bis in das 20. Jahrhundert hinein – als eine Randerscheinung gewertet wurden gegenüber dem eigentlichen Zentrum des Weihnachtsfestes, dem Gottesdienst in der Kirche bzw. der häuslichen Andacht oder Feier. Das lag natürlich auch mit daran, dass die Bescherung noch nicht die Ausmaße angenommen hatte, die sie heute hat.

🐦 Kein Gang zur Kirche wurde während des ganzen Jahres in so freudiger und gehobener heiliger Stimmung angetreten, als der an diesem Tage früh um 5 Uhr, wo der Mettengottesdienst (hora matutina) begann. Daraufhin war alles Denken und Sinnen gerichtet, viel, viel mehr als auf die Christbescherung, welche alsbald nach dem Aufstehen ziemlich kurz abgehalten war. [...] Gewöhnlich war der Tisch mit irgend etwas zugedeckt. Die Decke wurde entfernt, und nun sah jedes Kind seine Geschenke vor sich liegen. Dieselben nahmen bei ihrer Geringfügigkeit keinen großen Raum ein. *(Der Quempas)*

Der Vorrang des Gottesdienstes kam vor allem dadurch zum Ausdruck, dass vielfach noch bis in das 20. Jahrhundert hinein erst nach dem Gottesdienst – sei es nach dem Abendgottesdienst bzw. der mitternächtlichen Mette, sei es am frühen Morgen oder noch später – beschert wurde.

📖 Im Sauerland kannte man keine Bescherung am Hl. Abend. Diese findet im Anschluss an die Christmette statt. *(Sauermann, Westfalen)*

📖 Heute findet die Bescherung am Christtagabend statt. Früher war am ersten Weihnachtstag morgens 10 Uhr Gottesdienst mit Abendmahlfeier. Nachmittags fand in der Kirche eine Weihnachtsfeier statt, danach war die Bescherung in den Familien. *(Sauermann, Westfalen)*

Dass der Gottesdienst dem Bescheren vorausgehen sollte, ist keine Ansicht früherer Zeiten. Auch heute ist man sich durchaus noch der Zusammenhänge zwischen dem Geschenk Gottes an uns, das wir im Gottesdienst feiern, und der Geschenke, die wir untereinander verteilen, bewusst:

> ✉ Der Herr Pfarrer verweist uns übrigens jedes Jahr auch auf die Möglichkeit, die Bescherung erst nach der „Christmette" durchzuführen gemäß der Logik des 1. Johannesbriefes (1 Joh 4,9–11): Die Liebe Gottes wurde dadurch offenbart, dass Gott seinen einzigen Sohn in die Welt gesandt hat, damit auch wir durch ihn leben. [...] Wenn Gott uns so geliebt hat, müssen auch wir einander lieben!

Verdeckte und verpackte Geschenke

Im häuslichen Bereich gab es eine andere Art der Unterscheidung zwischen dem Festinhalt und -ausdruck: In vielen Berichten aus früherer Zeit klingt an, dass die Geschenke – oft unter einer Decke liegend – zunächst verborgen waren. Das geschah nicht in erster Linie des Überraschungseffektes wegen, sondern um Ablenkung während der Gebete auszuschalten. Diese Vorstellung begegnet vereinzelt auch in neuerer Zeit noch. So heißt es etwa in einem Heftchen zur Gestaltung der adventlichen Tage und des Heiligen Abends: „Das Schielen nach den Geschenken soll nicht die Sammlung stören. Sofern die religiöse Feier und die Bescherung nicht in getrennten Räumen stattfinden, können die Geschenke bis zur Verteilung mit einem Tuch verdeckt werden."

> 🕮 Verwirrt und befangen standen wir, auf den Baum starrend, um die Tafel herum, bis die Mama uns endlich bei der Hand nahm und sagte: „Aber nun seht euch doch an, was euch der heilige Christ beschert hat. Hier das" – und diese Worte richteten sich speziell an mich, – „hier das unter der Serviette, das ist für dich und deinen Bruder. Nimm nur fort." Und nun zögerten wir auch nicht länger und entfernten die Serviette ...
> *(Theodor Fontane, Meine Kinderjahre)*

📖 Der Gabentisch in Wohn- und Weihnachtszimmer war mit einer Tischdecke zugedeckt. Wer auch immer in dem Zimmer etwa zu tun oder zu richten hatte – keinem wäre es eingefallen, einen Blick unter die Decke zu werfen. *(Löcher)*

📖 Unsere Kinder mussten erst die hl. Geschichte und Gedichte, die Mutter heimlich mit ihnen einübte, aufsagen, dann folgten mit Klavier und Geige begleitet Lieder, und erst dann wurde die Decke gelüftet und die Geschenke (wurden) frei. *(Sauermann, Westfalen)*

Das zeigt auch, dass das Auspacken der Geschenke eigentlich nicht zum inneren Kern der weihnachtlichen Feier zählte und erst nach der „religiösen Pflicht" seinen Platz hatte. Es gab daher eine eindeutige Rangordnung der Elemente des Heiligen Abends; so hatte – was in den Erinnerungen und Berichten oft wie eine geheiligte Ordnung erscheint – die Aufmerksamkeit sich zuerst dem Baum zuzuwenden, der vielerorts den Mittelpunkt der Feier bildet. Erst danach war es erlaubt, sich den Geschenken zu widmen.

🕭 Dem Christbaum gelten die ersten Ausrufe der Bewunderung; solange er die Blicke fesselt, ist's noch eine weihevolle Stimmung, ein Staunen und Widerstrahlen; dann wenden sich die Augen der Bescherung zu *(Agnes Sapper, Die Familie Pfäffling)*

📖 Beim Beginn des „Stille Nacht" öffnete Vater die Flügeltüren zum hinteren Zimmer. Da strahlte der Baum, und ich wagte nicht, solange wir noch sangen, nach meinen Geschenken zu schauen. Irgendwie war es auch nicht schicklich, sich darauf zu stürzen, bevor wir nicht den Eltern unsere kleinen Kunstwerke übergeben hatten. *(Löcher)*

🕭 Der Christabend in diesem letzten Jahr war gottlob heiterer als der vorhergehende. Der Baum, so musterhaft gewachsen und fein geschmückt er war, fand zunächst wenig Beachtung bei den Kindern im Verhältnis zu dem greifbaren Eigenthum wie Pferd, Schlitten oder Puppen. Erst als er später wieder angesteckt wurde, kam die „Schönheit an sich" zu ihrem Recht. So geht's her in der Welt ... *(Wilhelm Busch, Brief von 1899)*

Erst allmählich wurde dann das Übergeben der Geschenke auch in das religiöse Kernritual des Heiligabends eingepasst, wie es die Andacht von Walter Lotz von 1941 zeigt (S. 37). In seinem „Christlichen Hausbuch" schlägt er vor, dass der Hausvater im Anschluss an das von ihm gelesene Evangelium spricht: „Gott der Herr hat mit dem Christuskind uns reich beschenkt und hoch erfreut. Nun wollen wir sehen, was uns sonst noch alles beschert ist.' Die Mutter nimmt dann das Tuch von den Gaben und die Kinder bringen ihre Geschenke herzu." Da noch ein Lied zum Abschluss der Feier gesungen wird, zeigt, dass der Geschenkeberg wohl noch relativ klein war ...

Ein solches frommes Deuten der Geschenke wurde und wird immer wieder vorgeschlagen. In einem Mainzer Gesangbuch aus der Mitte des 19. Jahrhunderts liest man folgenden geistlichen Ratschlag: „Die Weihnachtsbescherung ist ein löblicher Brauch, wenn sie mit Frömmigkeit geschieht, und man den Kindern dabei Dankbarkeit und Liebe gegen das göttliche Jesuskind einflößt, von dem alles Gute kommt. Weltliche Eitelkeit und Lustbarkeit an dem heiligen Weihnachtsabend ist unchristlicher Missbrauch." Die Geschenke am Heiligabend werden vielfach als Ausdruck des Geschenks Gottes an uns gedeutet. Gelegentlich wird geraten, diese Deutung vor dem Auspacken auch auszusprechen.

📧 Anschließend wird den kleinen Familienmitgliedern erklärt, dass aus Freude über die Geburt Jesu als Gottes Sohn die Menschen sich jedes Jahr gegenseitig Geschenke machen.

Ob dies allerdings auch alles so geschieht, wie es in frommen Büchern beschrieben und gottesdienstlichen Hilfen vorgeschlagen wird, ist doch eher fraglich.

An die Stelle des Tuches, unter dem die Geschenke unverpackt verborgen lagen, ist längst das einzeln verpackte Geschenk getreten. Der Sinn der Verhüllung ist wohl auch nicht mehr, die Kinder oder auch Erwachsenen nicht zu sehr von der Feier des Heiligabend abzulenken, sondern die Überraschung, die Spannung, das Sich-Hinziehen des Auspackens. Und oft genug sind ja auch die Verpackungen inzwischen sehr kunstvoll gestaltet und tragen zur Besonderheit des Tages bei. Auch die Art des Auspackens wird sehr kreativ gestaltet.

Das Auspack-Ritual

Nicht nur das Einpacken der Geschenke kann zum Ritual werden, mehr noch ist dies natürlich beim Auspacken der Fall. Vielleicht hängt das damit zusammen, dass dieser Teil des Abends als eigentlicher Höhepunkt erfahren wird und entsprechend lange ausgekostet werden will. Es steckt sicher auch der Wunsch dahinter, dass man durch das gemeinsame Betrachten (und Kommentieren) der ausgepackten Geschenke diese in ihrem Wert auch wahrnimmt. Auch die Kinder haben hier oftmals eine besondere Rolle; so wird in einem Hausbuch vorgeschlagen, Kinder die Geschenke austeilen zu lassen, sie unter Anteilnahme aller einzelnen auspacken zu lassen und die Freude deutlich zu zeigen. Insgesamt zeigt die Vielfalt des Geschenk-Auspackens und die Kreativität, die dabei in manchen Häusern waltet, dass es sich um einen, ja meist *den* Höhepunkt des Abends handelt.

☞ Dann werden die Geschenke ausgeteilt. Ein Kind (ausgelost) darf sie einzeln hervorholen und weitergeben.

☞ Reihum packt ein Familienmitglied eines seiner Geschenke aus, während die anderen kommentierend zuschauen. Dann geht es so weiter.

☞ In der dritten Adventswoche wird bei uns in der Stube ein leerer Jutesack gelegt, wo nach und nach jeder seine eingewickelten Geschenke hineinlegen kann, bis er am Heiligabend voll ist und mit einem goldenen Band zugebunden wird. Am Heiligabend wird der Sack dann geöffnet und meist der Zweitjüngste verteilt die Geschenke an alle, deren Namen auf den Paketchen steht.

☞ Das jüngste Mitglied beginnt mit dem Auspacken, das von allen verfolgt wird, dann folgt das nächstjüngste Mitglied etc.

☞ Alle Geschenke stehen in einem großen Korb bereit. Der erste entnimmt ein (nicht für ihn bestimmtes) Geschenk und übergibt es demjenigen, für den es bestimmt ist. Dieser packt es aus und entnimmt danach das nächste Geschenk und übergibt es dem Empfänger usw.

☞ Da ich Geschwister habe, und natürlich jeder ein paar Geschenke bekommt, haben meine Eltern lange an der Art gefeilt, wie wir unsere Geschenke bekommen. Als Kinder hatte jeder einen festen Platz mit all seinen Geschenken. Allerdings hat dann jeder seine Geschenke nur für sich ausgepackt, so, dass man gar nicht wirklich mitbekommen hat, was die anderen geschenkt bekommen haben. Als wir älter wurden, hatten wir einen großen Schaumstoff-Würfel. Jeder hat sich eine Nummer ausgesucht und es wurde abwechselnd gewürfelt. Die Nummer, die gewürfelt wurde durfte sich ein Geschenk für sich aussuchen gehen. Jetzt, wo wir alle älter sind, ist es immer so, dass die Jüngste (das bin ich) anfängt, einfach ein Geschenk unter dem Baum zu nehmen (ohne darauf zu gucken an wen es ist), und es zu verteilen.

Ein besonderes Ritual der Schenkens gab und gibt in Skandinavien und Norddeutschland, den so genannten Julklapp. Es handelt sich um eine Schenküberraschung, genauer das Anklopfen an die Tür und Hineinwerfen der Pakete in die Weihnachtsstube, wie es *Fritz Reuter (Ut mine Stromtid)* und *Theodor Fontane (Effi Briest)* beschrieben haben.

⮑ Gestört wurde die Gemütlichkeit durch meine Schwester. Plötzlich schrie sie „Julklapp!" und warf ein Paket durchs Zimmer. [...] Der Julklapp war an meine Mutter adressiert. In dem riesigen Paket fand sich ein kleiner Zettel, sie solle mal in den Keller gehen, dort, auf dem Fliegenschrank, da läge was Feines für sie. Auf dem Fliegenschrank lag ein zweiter Zettel: „Ätsch!" Auf dem Dachboden da gäb es was zu staunen. [...] Mein Vater zog inzwischen die Luft scharf durch die Nase. Ein solches Gemuschel war nicht nach seinem Geschmack. Schließlich fand sich im Büffet ein Päckchen mit eisernen Klammern für das Zusammenhalten von Kohlrouladen. Gerade die habe sie sich gewünscht, sagte meine Mutter, „wonnig!" „Na, dann können wir uns ja alle wieder hinsetzen", meinte mein Vater. (*Walter Kempowski, Tadellöser & Wolff*)

Als Reaktion auf bisweilen riesige Geschenkberge wird von manchen auch vereinbart, sich nichts mehr zu schenken oder nur Kleinigkeiten, die aber von Herzen.

⮑ Bei uns gibt es eher kleine Geschenke, Obst, Süßigkeit, ein Buch manchmal.

Mancherorts lässt man sich auch Zeit mit den Geschenken, packt sie erst am Weihnachtstag aus, wie es früher vielfach der Fall war. Und wer für sich allein feiert, muss sich den Geschenken auch nicht gleich widmen, sondern hat Zeit dazu.

✉ Bei mir [werden] die Geschenke oft erst Wochen später ausgepackt ... in Ruhe.

„Geteilte Freude ..."

Das Bedenken der Armen

> Nun müssen noch die „Klockenlüders" abgewartet werden,
> mit ihrer Laterne und der Hellebarde, die ihre halbe Mark
> empfangen wollen, und jetzt stapft da draußen schon der
> alte Ahlers durch den Schnee, eben geht er durch das gel-
> be Laternenlicht. Dann kann man also gleich anfangen mit
> der Bescherung.
>
> *Walter Kempowski, Aus großer Zeit*

Nicht nur die Angehörigen und Lieben spielen im Heilig-abendgeschehen eine wichtige Rolle, oft werden auch die Armen und Notleidenden bedacht – bekannte wie unbekannte. Die Sorge um diese Menschen gerade an hohen Festen trägt archaische Züge und verweist auf Zusammenhänge, die über das Weihnachtsfest hinausreichen. Allerdings kommt hierin auch wiederum etwas sehr typisch Weihnachtliches zum Ausdruck, so dass das „Gute tun" vom Geschehen rund um dieses Fest nicht mehr wegzudenken ist und auch schon institutionalisiert ist.

Anteil am Fest

Der Gedanke, bei großen Feiern auch diejenigen nicht auszuschließen, denen es nicht gut geht, ist alt und schon biblisch belegt. Im 8. Kapitel des alttestamentlichen Buches Nehemia wird beschrieben, wie dem Volk Israel nach der Rückkehr aus der babylonischen Gefangenschaft erstmals wieder das Wort Gottes feierlich verkündet wird – ein denkwürdiges Ereignis. „Dann sagte Esra zu ihnen: Nun geht, haltet ein festliches Mahl und trinkt süßen Wein! Schickt auch denen etwas, die selbst nichts haben; denn heute ist ein heiliger Tag zur Ehre des Herrn. Macht euch keine Sorgen;

denn die Freude am Herrn ist eure Stärke" (Neh 8,10). Diejenigen, „die nichts haben", sind im Alten Testament in der Regel Witwen, Waisen, Leviten, Sklaven, Fremde. Sie haben keinen Besitz und sind deshalb bei Festen auf einen Anteil an den Gaben anderer angewiesen. Zugleich stellen sie gewissermaßen ein Abbild der Israeliten dar, die in Ägypten Sklaven gewesen und auf Gottes Güte angewiesen waren.

Es sind zunächst also tief-menschliche Verhaltensweisen, die zum Teilen der Freude mit Bedürftigen an großen (Bundes-)Festen drängen: Eingedenk der eigenen Erfahrung, von Gott beschenkt worden zu sein, gibt man diese Freude als Anteil am Fest weiter. – Der Volksmund bringt es auf die einfache Formel: Geteilte Freude ist doppelte Freude. Die Erinnerung an diese Zusammenhänge von Fest(mahl) und eines Anteils für die Armen blieb bis in unsere Zeit erhalten: Bei verschiedenen Mahlformen besonderer Gruppen, aber auch von Familien und einzelnen wird der Gedanke an die Armen zum Ausdruck gebracht und auch in konkreten Zuwendungen praktiziert. Besonders an Weihnachten hat sich bei uns etwas von diesen alten Zusammenhängen bewahrt.

Das bei Nehemia geschilderte Mahl hat auffällige Ähnlichkeiten mit dem Weihnachtsfest, wie auch der Theologe Bo Reicke feststellte: „In der Tat haben sich die Juden in Jerusalem bei dieser Gelegenheit ungefähr so benommen, wie man heute im familiären Kreis Weihnachten feiert." Er nennt die reichlichen Speisen, die gehobene Stimmung, die freundlichen Gaben und vor allem das spezifische Interesse daran, dass niemand an diesem feierlichen und fast überall als heilig gehaltenen Tag hungrig bleiben soll. Die Zusammenhänge sind auch an Weihnachten ähnlich; aus dem Bewusstsein, beschenkt zu sein, sollte man von diesem Geschenk weitergeben: „Kein Weihnachtsfest, ohne dass wir durch eine Gabe an die Armen uns für das Geschenk Gottes in der heiligen Nacht dankbar erweisen", forderte das Limburger Gesangbuch von 1957.

Bischof Caesarius von Arles spricht im 6. Jahrhundert dieses Werk der Barmherzigkeit in einer Predigt an, in der er auf eine angemessene Vorbereitung auf das Weihnachtsfest eingeht: „Frommt es auch, jederzeit Almosen zu geben, so sollen wir doch vornehmlich an den heiligen Festen nach Kräften reichlicher austeilen. Vor allen Dingen sollen wir die Armen häufiger zu Tisch laden. Denn es wäre nicht recht, dass an einem heiligen Fest im christlichen Volk, das einem Herrn angehört, die einen sich berauschen, die anderen von Hungersnot gequält werden. [...] Warum sollte der Arme ... unwürdig sein, wenigstens die Überreste von deinem Essen zu bekommen, der mit dir zum Gastmahl der Engel gelangen wird?"

Heischegänge

Die „Überreste des Essens", wie Caesarius sagt, wurden an besonderen Festtagen nicht selten von den Kindern und Armen erbettelt, besser gesagt: geheischt. Für das Singen eines Liedes an den Türen der Häuser wurde den Bittenden etwas vom guten Essen (später auch andere Gaben) mitgegeben. Besonders am Martinstag hat sich dieser Brauch bis in die Neuzeit hinein erhalten und lebt sogar bis heute unter veränderten Vorzeichen fort. Doch auch an Weihnachten gab es den Brauch des Singens und Heischens. *Gertrud Storm*, die jüngste Tochter Theodor Storms, erinnert sich an diese Bräuche in ihrem Vaterhaus *(Weihnachten bei Theodor Storm):*

Vom frühen Morgen an kommen Scharen von Kindern, die von Haus zu Haus ziehen und im Flur ihre hellen Kinderstimmen ertönen lassen: „Vom Himmel hoch da komm' ich her." Ein großer Korb mit Wasserkringeln steht schon bereit, mit denen die kleinen Sänger belohnt werden.

Nachdem wir gespeist hatten, begaben wir uns eiligst hinaus auf die Dorfstraße, um – einer alten Tradition folgend – Nachbarn und Bewohner im näheren Umkreis durch Singen von Weihnachtsliedern aufzuheitern. [...] Alles in allem bedeutete das Singen am Heiligen Abend für uns Schlingel neben dem Besuch der Christmette stets eines der schönsten und eindrucksvollsten Festerlebnisse. Wir bekamen Früchte, marmeladegefüllte Kuchen und Krapfen, Schokolade, Süßigkeiten und eigens fürs Fest bereitete Gebäckstücklein als Belohnung für unsere gesanglichen Darbietungen geschenkt. *(Löcher)*

📕 Manchmal waren wir noch nicht mit dem Essen fertig, als vor dem Fenster Stimmen laut wurden: Die Ärmsten des Dorfes gingen von Haus zu Haus und sangen, um vom Gebackenen auch etwas abzubekommen.

(Löcher)

Die Winterzeit mit ihren Schlachtterminen bot früher auch den weniger Vermögenden die Möglichkeit, an den Genüssen der Wohlhabenden teilzuhaben. Diese Zusammenhänge verloren sich in den vergangenen zwei Jahrhunderten immer stärker, weshalb auch dieser Brauch in seinen Grundzügen kaum noch vorhanden bzw. erkennbar ist. Im Zusammenhang des Weihnachtsfestes gab es verschiedene Formen des Heischens. Abgesehen vom Dreikönigssingen darf man an das „Quempas-Singen" denken, einen überwiegend evangelischen Brauch, vor den Häusern den „Quempas" (das „Quem pastores laudavere") oder andere Lieder („Grates nunc omnes") zu singen. In Westfalen war es üblich, am Stephanstag (26. 12.) Würste zu heischen, die gemeinsam verzehrt wurden. Die Ankündigung des neuen Jahres am Weihnachtstag klingt noch in dem englischen Heischelied an: „We wish you a merry christmas and a happy new Year." Auch in anderen Ländern hat sich dieser Brauch entwickelt bzw. erhalten, wie etwa in Griechenland, wo am 24. Dezember die Kinder Heischegänge machen, von Haus zu Haus ziehen und Weihnachtslieder singen („Kalanda"), die die Geburt Christi und alle guten Wünsche zum Thema haben.

Bescherung der Armen

An Weihnachten war und ist es üblich, die bedürftigen (und alten) Menschen insofern an der Freude teilnehmen zu lassen, als man sie von sich aus beschenkt. Das kann auch die Form annehmen, dass dieser Personenkreis zu einer besonderen gemeindlichen Feier eingeladen wird, die z. B. aus Gottesdienst und anschließender Kaffeetafel besteht, bei der die Alten und Armen beschenkt werden. Das geschieht – zum Teil auch am Weihnachtsfeiertag –

immer öfter auch in Gemeinden. Das „Weihnachtsmahl mit den Armen" der Gemeinschaft von „Sant' Egidio", das am 25. Dezember an vielen Orten der Welt – oft sogar in den Kirchen – gehalten wird, ist ein Beispiel dafür.

Den ganzen Mittag trugen wir bis abends Weihnachtsgeschenke aus. Eine Rentnerfamilie bekam z. B. für den Vater ein Paar Socken und ein Oberhemd, die Mutter eine Schürze und einen Schal und die Tochter ein paar Meter Kleiderstoff; eine Bierflasche Rotwein und Weihnachtsgebäck waren auch dabei. Eine kinderreiche Familie wurde mit Spielzeug und notwendigen Kleidungsstücken beschenkt. Mit roten Nasenspitzen und etwas durchgefroren kamen wir glückselig nach Hause in die warme Stube. *(Löcher)*

Am Heiligen Abend packte mir Mutter einen Korb voll guter Sachen zusammen, den ich zu einer armen Familie bringen durfte. Ein anderes Mal gingen wir – zwei Mädchen und zwei Schwestern – in das benachbarte Altersheim, um den alten Leuten Weihnachten feierlich zu gestalten. Wir sagten unser Gedicht auf, es wurde gesungen, die alten Leutchen bekamen ihre Geschenke und freuten sich, indem sie uns streicheln durften. Ihre eigenen Kinder waren ihnen schon längst verloren gegangen. Nach Kaffee und Kuchen ging es heimwärts im hohen Schnee bei Mondenschein. *(Löcher)*

Bevor der Aufbau [= des Weihnachtsbaumes] bei uns begann, hatte die Mutter die Schwestern zu Armen begleitet oder sie zu ihnen führen lassen, um ihnen in großen Körben allerlei nützliche und den Kindern erfreuliche Dinge zu überbringen. Auch uns Knaben hielt sie an, von dem Unsern mitzuteilen, und die vielen Almosen, die sie spendete, ließ sie gern durch uns den Bedürftigen geben. *(Georg Ebers, Die Geschichte meines Lebens)*

Es war vor allem ein Anliegen Wicherns und der Inneren Mission, die Armen zu versorgen – materiell wie geistlich. Die Konkretisierung eines allgemeinen Liebesbegriffes in die konkrete Hilfe, Mitmenschlichkeit und Solidarität gehörte zum Programm der Inneren Mission. Dies galt besonders für die Weihnachtszeit. Entweder wurden arme Kinder eingeladen und beschert oder aber man besuchte die Armen und bescherte sie in deren Häusern. In

seiner Erzählung „*August Hobelmann*" gibt *Johann Hinrich Wichern* selbst einen Eindruck einer solchen Feier, die auch am Weihnachtstag stattfinden konnte.

🐝 Darauf kam am ersten Weihnachtstage alles auf der großen Landdiele des Schulhauses zusammen, die Dorfkinder, die Eltern und auch die Gutsherrschaft, soviel das Haus nur fassen konnte. Der Kronleuchter prangte mit seinen Adventslichtern, unter demselben waren Bänke für die Armen aufgestellt. Einige Dorfbewohner holten dieselben regelmäßig auf ihren Wagen herbei, und wenn sie dann endlich angelangt waren und die Armen abgestiegen und eintraten, fing das ganze Haus mit Singen an. Vor allem hörte man wieder das schöne Lied: „O du fröhliche, o du selige". Da kam manchem Dorfbewohner eine Träne in die Augen, und mancher konnte oft gar nicht mitsingen, so bewegte ihn das. Die Armen wussten sich in dem Augenblicke so reich, die Reichen aber wurden wie die Armen, die Väter und Mütter wurden wie die

Kinder. Das war Weihnachten, wo alle merkten, dass Gottes Sohn ist geworden wie unsereins und hat uns dadurch selig und wahrhaftig zu Gottes Kindern und Brüdern untereinander gemacht. Wenn nun alles wieder ruhig geworden und die Armen sich bequem gesetzt hatten, dann stellte sich der Prediger, der aus der Stadt mitgekommen war, mitten unter sie. Zuerst las er aus dem Evangelium Lukas, Kap. 1 u. 2, worin so herrliche Weihnachtsgeschichten stehen, und danach sprach er mit den Armen, als wenn er selbst ein Armer wäre. [...] Nach diesem Weihnachtsgespräch fing das ganze Haus wieder mit Singen an, und währenddessen brachten der Schullehrer und seine Frau die glücklichen Dorfkinder herzu, die für jeden Armen auf einem Weihnachtstisch mit einem Weihnachtsbaum einfache Geschenke aufschmückten, Brot, Kleidungsstücke, kleine Bücher, Bilder und so etwas. Wenn sie dann fertig waren, gingen die meisten weg, aber der Herr von Adlerhorst samt seiner Frau blieb mit einigen Dorfbewohnern und dem Prediger beim Schulmeister, und die Armen blieben auch. Ein Tisch wurde gedeckt, und alle setzten sich um denselben und aßen und tranken und waren fröhlich. Was sie da aßen, das schickte die gütige Frau vom Schloß; den Rest packte man dann auf die Wagen und schaffte ihn in die Stadt mit den Armen, damit dieselben davon ihren Angehörigen mitteilen könnten. August Hobelmann hat das Weihnachten dort nur zweimal mitgefeiert, aber er feiert jetzt noch jedesmal, sooft der Heiligabend kommt, im Geiste wieder und hat in späteren Jahren es an keinem Weihnachtstage unterlassen, wenigstens ein armes Kind zu erfreuen ...

Auch Vereine, z. B. der Vinzenz- oder der Elisabeth-Verein, baten in den Wochen vor Weihnachten u. a. mittels Anzeigen in den Zeitungen um Spenden und Gaben für die Armen zu Weihnachten. Diese Idee, Arme, Kranke und Waisenkinder zu beschenken, lebt auf kirchliche Weise fort im Adveniatopfer, in „Brot für die Welt", aber auch in caritativen adventlichen („weihnachtlichen") Aktionen, die von verschiedensten Institutionen, auch von Popstars bzw. ihren Plattenfirmen und Medien, veranstaltet werden, aber auch in Formen, für Nicht-Sesshafte und Alleinstehende den Heiligen Abend zu gestalten.

Eine Bescherung der Armen konnte und kann aber auch im Haus selbst stattfinden.

🍂 Vor dem ersten Weltkrieg hat unsere Mutter auch immer bei uns zu Hause noch eine Weihnachtsbescherung für besonders arme und in Not befindliche Menschen gehalten. Die Löhne waren damals meistens noch sehr niedrig und Geschenke oft wirklich notwendig. Wir Kinder machten bei dieser Bescherung Krippenspiele und stellten lebende Bilder. Die älteren von uns sagten die Weihnachtsgeschichte auf. Die Freude, die wir damit bereiteten, machte uns fröhlich und ausgelassen. Meine Mutter aber traf immer den richtigen Ton, wenn sie sich mit allen, die zur Feier gekommen waren, ausführlich unterhielt. *(Sabine Leibholz-Bonhoeffer, Weihnachten im Hause Bonhoeffer)*

Geradezu eine Art von Institutionalisierung im Bürgertum beschreibt *Thomas Mann* in seinen *„Buddenbrooks"*, wo gewissermaßen zum weihnachtlichen Inventar an Heiligabend auch die „Hausarmen" gehören. Kennzeichen dieser „Hausarmen" war – im Unterschied zu vagierenden Bettlern – die Ansässigkeit in einer Stadt, ein gewisser Bekanntheitsgrad unter den Bewohnern des Viertels, beim Pastor ihres Kirchspiels oder einflussreichen Persönlichkeiten. Im glücklichsten Fall unterhielten sie eine regelmäßige Beziehung zu einer wohlhabenden Familie:

🍂 ... den Heiligen Abend hielt die Konsulin fest im Besitz, und zwar für die ganze Familie [...] In der Tat, das weihevolle Programm, das der verstorbene Konsul für die Feierlichkeit festgesetzt hatte, musste aufrechterhalten werden, und das Gefühl ihrer Verantwortung für den würdigen Ablauf des Abends, der von der Stimmung einer tiefen, ernsten und inbrünstigen Fröhlichkeit erfüllt sein musste, trieb sie rastlos hin und her – von der Säulenhalle, wo schon die Marien-Chorknaben sich versammelten, in den Esssaal [...] hinaus auf den Korridor, wo scheu und verlegen einige alte Leutchen umherstanden, Hausarme, die ebenfalls an der Bescherung teilnehmen sollten ...

Ähnlich beschreibt *Theodor Fontane* diese Situation, die allerdings am Weihnachtsmorgen des Jahres 1812 spielt *(Vor dem Sturm)*.

Aus einer Umfrage-Zusendung sprach eine durchgängige Ablehnung aller weihnachtlichen Bräuche, doch blieb zumindest noch das Element des Armengedächtnisses bestehen – und wurde auch bei der Erwähnung des Essens nochmals deutlich:

✉ Geschenke abgeschafft, auch per Post. An Bedürftige aus dem Bekanntenkreis werden vorher Geldbeträge zugeschickt. – Ente nach bestimmtem Rezept für eine sehr alte Dame, gehbehindert, der ich die Taxifahrt zu mir bezahle.

Das Einladen eines Armen zum Mahl ist ebenfalls eine typische Form dieses weihnachtlichen Tuns; es wird auf S. 135 beschrieben.

Gedenken und Fürbitten

Neben das materielle Beschenken der Armen tritt auch das geistliche Gedenken im Gebet; es wird damit Bestandteil nicht nur des Weihnachtsrituals sondern auch der häuslichen „Liturgie" am Heiligen Abend. In den Fürbitten an diesem Abend, wie sie von manchen Hilfen angeboten werden, tauchen nicht nur die verschiedenen Bedürftigen auf, auch der „Benachteiligten", die an diesem Abend Dienst tun müssen, wird gedacht.

🕮 Das Lukas-Evangelium ... wird gelesen ... und der Alten und Kranken wird gedacht, wobei dem Vater die Tränen kommen, die Familientränen, so daß die Andacht einen Aufschub erfährt, was nicht zu ändern ist. *(Walter Kempowski, Aus großer Zeit)*

Herbert Rauchenecker (Mit Bräuchen leben) hat auf den wichtigen Einfluss der in Amerika so genannten „Carol Philosophy" hingewiesen: „Seit der berühmten Weihnachtsgeschichte von Charles Dickens (1843) ‚A Christmas Carol', in der ein schlimmer Vorgesetzter an Weihnachten sein gutes Herz wiederfindet, wurden noch mehr Geschichten dieser Art geschrieben. Weihnachten wird zum Tag gegen Selbstsucht und für Mitmenschlichkeit [...] Die Amerikaner haben Weihnachten um einige Elemente ‚bereichert', so mit dem ‚ugly duckling'-Thema, die Sache mit dem hässlichen Entlein. Weihnachten wird also auch zu dem Tag, wo Benachteiligte und Verspottete wichtig sein dürfen."

⊟ Ich bin auf dem Land aufgewachsen und sehr katholisch erzogen worden. Als Kind waren die Feiertage sehr heilig und wichtig für mich. Mit dem Studium hat sich das sehr stark geändert. Ich habe gelernt, eigenständig zu denken, und mich im Laufe der Zeit immer mehr von der Kirche entfernt. Zuletzt bin ich auch aus der kath. Kirche ausgetreten, was aber nicht bedeutet, dass ich nicht religiös bin. Weihnachten sehe ich heute als großes Familienfest an, als Gelegenheit einer vollständigen Familienzusammenkunft, und außerdem als Fest für die Armen, denen es nicht so gut geht und an die dabei gedacht werden soll.

Kerze im Fenster

Hie und da gibt es noch den Brauch, am Heiligen Abend eine Kerze ins Fenster zu stellen; das kam 1952 in Berlin auf und sollte auf Wunsch des Regierenden Bürgermeisters Ernst Reuter ein Zeichen sein, dass man die Kriegsgefangenen fern der Heimat nicht vergesse – später dachte man (in Westdeutschland) auch an die „Brüder und Schwestern in der Ostzone". Letztlich ist dies ein Zeichen für das „Nach-Hause-Finden." Aber es gibt heute auch andere Gründe für diesen jungen Brauch – sofern er noch geübt wird.

🔁 An Weihnachten stellte meine Mutter in alle Fenster, die zur Straße gingen, Kerzen und registrierte genau, welche Nachbarn das nicht taten und also nicht an unsere Schwestern und Brüder „in der Ostzone" dachten. *(Petra Gerster, Reifeprüfung)*

⊟ Die Kerze im Fenster am Heiligen Abend habe ich von meiner Mutter übernommen. Auf die Frage nach dem Warum hat sie mir einmal gesagt, das ist ein Licht für die Verstorbenen. Meine Mutter stammte aus der Weststeiermark und ich glaube mich erinnern zu können, dass sie diesen Brauch wiederum von ihrer Mutter übernommen hat. […] Für mich persönlich ist es neben dem Gedenken auch ein Statement gegen die allerorts angebrachten, teilweise geschmacklosen elektrischen Weihnachtsgirlanden.

Beschenken der Tiere und Pflanzen

Das Bedenken und Beschenken bezieht sich nicht nur auf Menschen. Auf einer ähnlichen Linie – wenngleich auch andere, abergläubische Motive mit hineinspielen dürften – liegt das Beschenken der Tiere am Heiligen Abend (als einer der drei Rauhnächte, an denen dem Vieh eine „Maulgabe" gegeben wurde), wovon immer wieder berichtet wird:

📖 Vater ging in den Stall, fütterte jedes einzelne Tier mit einem Mohnklößchen und gab jedem auch einen Arm voll Heu. Die Tiere sollten auch teilhaben am Fest des Herrn. *(Wolfram)*

🗩 Mein Großvater stammte vom Bauernhof in Mecklenburg und hatte hier in Hamburg noch einige verschiedene Haus- und Schlachttiere. So ging er auch bis 1965 spät Heiligabend durchs Haus und in die Stallung, um den Tieren alles Gute zu wünschen, und gab ihnen ein paar Kekse aus seiner Hosentasche. Ich habe zwar kein Vieh mehr, pflege aber trotzdem diesen Brauch weiter und lege am späten Heiligabend bei meiner Runde durchs Haus den Vögeln im Garten ein paar Kekse hin.

📖 Es musste am Heiligen Abend so viel Essen aufgetragen werden, dass jeder satt wurde und ein Rest blieb. Diesen Rest vom Tisch brachte die Mutter am anderen Morgen dem Federvieh. Sie streute ihn in einem großen geschlossenen Kreis und ließ Enten, Hühner und Gänse davon fressen. Der Kreis sollte aussagen: Wir gehören zu einer Gemeinschaft. *(Wolfram)*

Selbst den Tieren gab man so Anteil am Fest und drückte damit aus, dass sie – wenn auch auf unterster Stufe – mit zur Familie gezählt wurden. Dieser Brauch, Tieren durch das Fressen Anteil an der weihnachtlichen Freude zu geben, lebt in gewisser Weise fort in den Fest-Angeboten etwa der Katzennahrung („Sheba-Weihnachten mit Gans").

🗩 Die Katze bekommt auch ein Geschenk, meistens ein besonderes Katzenfutter.

🐾 Auch das Kätzchen, mit einer Schleife geschmückt, nahm an unserer Freude teil. Es erhielt ein Wiener Würstchen und fraß es unterm Tannenbaume auf. *(Richard Wolf, Christabend)*

Auch das Bescheren der Kuscheltiere spielt hier mit hinein; so ging in meiner Familie, als ich noch Kind war, dem Heiligabend-Geschehen das Bescheren der Kuscheltiere unter deren kleinem Weihnachtsbaum voraus (das Krokodil erhielt dann z. B. Marzipan-Fische, der Affe Marzipan-Bananen etc.). Sogar auf die pflanzliche Welt erstreckt sich die Einbeziehung in die weihnachtliche Gemeinschaft am Heiligen Abend. In einer Erinnerung aus dem Sudetenland wird geschildert, wie man Äpfel und Nussschalen um die Bäume gelegt und ein Sprüchlein gesagt habe: „Habt ihr was von unsrer Speise, nächstes Jahr tut eure Weise."

„Ohne Würstchen ist kein richtiges Weihnachten"
Essen und Trinken

An der Küche roch es trotz Heiligabend tatsächlich wieder nach Sauerkraut. Naja, der Vierundzwanzigste, das war ja auch kein Feiertag, da hatte es zu Hause ja auch bloß Suppe gegeben. Aber am *Fünf*undzwanzigsten, da würde sich der Russe vermutlich nicht lumpen lassen. Vielleicht Salzkartoffeln, schön mehlig und weißlich zerfallen? „Es würde ja schon genügen, wenn sie 'ne Handvoll Graupen in die Suppe täten. Damit wär man ja schon zufrieden." Sie brächen sich keinen ab, wenn sie's täten. Ob sie's wohl täten?

Walter Kempowski, Ein Kapitel für sich

Wie kaum ein anderes Feierelement ist das Essen am Heiligabend bestimmt von den beiden Polen Festvorbereitung und Festfeier. Einerseits war der 24. Dezember jahrhundertelang durch Fasten und Abstinenz geprägt, andererseits kam an ihm – vor allem am (späteren) Abend – das Festliche auch im Essen und Trinken zum Ausdruck. Diese strenge Scheidung gibt es heute nicht mehr, gleichwohl hat sich in den Brauchformen manches davon bewahrt. So kann über das Essen und das Mahlhalten auch etwas vom Inhalt des Tages vermittelt werden.

Heiligabend als Fastentag

Der 24. Dezember war seit dem Hochmittelalter wie andere Vigiltage auch ein Fasten- und Abstinenztag; dies bedeutete neben der nur einmaligen Sättigung auch ein Verbot der Fleischspeisen.

📖 Früher kannte man hier keinen Heiligen Abend, nur eine Heilige Nacht. Der arbeitsreiche Tag vor dem Fest war ja mit Vorbereitungen ausgefüllt. Besondere Speisen oder gar ein Festmahl gab es nicht; denn es war ja ein fleischloser Vigiltag. *(Sauermann, Advent)*

🐦 Endlich nahm das Waschen und Scheuern und Glätten ein Ende, im Haus wurde es ruhiger, fast still, und der Heilige Abend war da. Das Mittagmahl am Heiligen Abend wurde nicht in der Stube eingenommen, sondern in der Küche, wo man das Nudelbrett als Tisch und sich um dasselbe herumsetzte und das einfache Fastengericht still, aber mit gehobener Stimmung verzehrte. *(Peter Rosegger, Als ich noch der Waldbauernbub war)*

Die Regelung galt bis in die Mitte des 20. Jahrhunderts hinein und wurde auch so praktiziert und in Büchern eingeschärft: „Nach alter Gewohnheit wollen wir an diesem Tage das Fastengebot halten. Vom Mittag verlegen wir die Hauptmahlzeit auf den Heiligen Abend. Untertags essen wir nichts", wurde in einem katholischen Artikel zu Familie und Heim in der Weihnachtzeit 1936 gesagt. Teilweise wurde das Fasten gehalten bis nach der Mette, dann erst kamen die guten Speisen auf den Tisch. Noch 1938 wurde der Antrag auf Aufhebung der Abstinenz und des Fastens in der Weihnachtsvigil von Mittag an (nach dem Vorbild des Karsamstags) von Rom zurückgewiesen. Erst 1959 gestattete Papst Johannes XXIII. auf Bitten zahlreicher Bischöfe aus vielen Nationen, dass die Verpflichtung zum Enthalts- und Abbruchsfasten (Fasten nur bis 11 Uhr vormittags) für alle Gläubigen des katholischen Erdkreises vom 24. auf den 23.12. vorverlegt werden kann.

In den Beschreibungen des Heiligen Abends aus der Zeit vom Ende des 19. und Beginn des 20. Jahrhunderts klingt die Härte der alten Fastenpraxis durchaus noch an. Diese war umso mehr zu spüren, als der 24. Dezember in der Regel ein voller Arbeitstag war. Allerdings war das Fasten eine durchaus gebräuchliche und geübte Form der Frömmigkeit (regelmäßig an den Freitagen und in der Fastenzeit), die von daher nicht hinterfragt wurde, auch wenn sie schwerfiel. Selbst die Kinder hatten sich, vor allem, wenn sie schon älter waren, teilweise diesen Gepflogenheiten in den Familien zu unterwerfen.

⊟ In meiner Kindheit haben die Kinder Ausschau nach der ersten Stern gehalten – dann „durfte" man mit dem Essen anfangen.

Auf der anderen Seite stellt das Fasten und die Abstinenz eine Form
der Vorbereitung auf das eigentliche Fest dar, das dieses noch größer und schöner erscheinen ließ. Das klingt auch noch in einem
heutigen Bericht vom Erleben des Weihnachtsfestes in Griechenland an:

⊟ Am 24. wird gefastet. Am … nächsten Tag … in möglichst großer Runde
Mittagessen mit allen Registern. Die Stimmung ist eigentlich wie bei einem großen Geburtstag, man ist mit Freunden zusammen, isst und
trinkt und freut sich, dass die Fastenzeit endlich vorbei ist. Ich glaube,
das ist das psychologisch Intensivste, die Fastenzeit ist vorbei, es gab eine
prächtige lange Liturgie und man isst gemeinsam und ausgedehnt.

Allerdings muss man auch einräumen, dass das Fasten am 24. 12.
und die Vorfreude auf das reichliche Essen im Anschluss an den
nächtlichen Gottesdienst auch das Geistige dieses Tages beträcht-
lich beeinflussen kann. Recht hintersinnig beschrieben hat dies
Alphonse Daudet in der Erzählung *„Die drei stillen Messen"* seines Buches *„Briefe aus meiner Mühle"*: So lebendig stehen dem
Schlosskaplan die Bilder von gebratenen Puten, Goldkarpfen, Fo-
rellen und dergleichen weiterer Köstlichkeiten schon vor Augen,
dass er seine drei Weihnachtsmessen, die unmittelbar hintereinander gefeiert werden, in zunehmender Hast herunterhaspelt, an-
getrieben vom Glöckchen seines Ministranten (hinter dem sich in
Wahrheit der Teufel verbirgt), „das sich zu Füßen des Altars mit
höllischer Hast rührt und immerfort zu sagen scheint: ‚Schneller,
schneller! … Je eher wir fertig sind, desto eher sind wir bei Tisch.'" –
Beim anschließenden Festschmaus isst der Kaplan dann so viel,
dass er noch in derselben Nacht einem Schlaganfall erliegt …

1966 ordnete Papst Paul VI. die katholische Buß- und Fasten-
ordnung neu; damit entfiel endgültig das Fasten- und Abstinenz-
gebot für den 24. Dezember als Vigiltag von Weihnachten. Die Erinnerung an diese prägenden Eindrücke blieb jedoch auch danach
erhalten; hie und da wurde und wird noch freiwillig – „traditio-

nell" – gefastet. Gerade im Zusammenhang der Speise- und Mahl-
bräuche pflegen Menschen sehr traditionell zu sein.

📧 Ich komme aus dem katholischen Münsterland, daher essen wir am 24.
sehr frugal. Erst am Abend zur Bescherung bekommt jeder einen bunten
Teller mit Süßigkeiten.

📧 Bis Mittags wird „gefastet" und Mittags gibts dann die Heiligabendsup-
pe, das ist eine Brühe mit Brot darin.

📧 Bis zur Vesper ist der Hl. Abend Fast- und Abstinenztag. Daraus folgt:
Kein Fleisch, morgens eine Stärkung und ein einfaches Mittagessen.

So rührt möglicherweise auch der Fisch, den es in unterschiedlichster Form am Abend dieses Tages in vielen Häusern gibt, noch
von daher. Der Fisch hat eine doppelte Bedeutung: Er ist traditionelle (Fasten-)Speise an Vigiltagen, gleichzeitig aber auch eine Aus-
zeichnung des Tages, weil er als besondere Speise an großen Festen gereicht wurde.

📧 Gegen 20.00h essen wir in der Regel geräucherten Fisch und Beilagen.

📧 Vater wollte, weil er es so kannte, oft Karpfen oder Forelle ... inzwischen
gibt es eher kleines Essen, da ja eh am Abend.

Der Fisch zu Heiligabend bedarf noch einer genaueren Betrach-
tung; zunächst aber zu dem Heiligabend-Essen schlechthin.

„Würstchen mit Kartoffelsalat"

Das Festhalten an Bräuchen, obwohl sich der ihnen zu Grunde
liegende Sinn verschoben hat, ist ein interessantes Phänomen. Bei
seiner Untersuchung von Mahlgebräuchen am Weihnachtsfest
konnte Richard Wolfram feststellen: „Bei brauchtümlich besonders wichtigen Mahlzeiten pflegen sich Gerichte aus dem ganz alten Speisezettel zu erhalten."
    So sind auch die immer wieder genannten Würstchen mit Kar-
toffelsalat ein Essen, das in seiner Einfachheit den alten Vorberei-

tungstag widerspiegelt, obgleich der 24. 12. heute fast schon zum Hauptfeiertag geworden ist. In den Berichten über die heutigen Feiern des Heiligen Abends tauchen immer wieder Würstchen in unterschiedlichen Variationen auf: „Wienerle, Feldsalat und Brot"; „Bayerische Weißwürste", „Schlesische Weißwürste mit Kartoffelsalat resp. Pommes frites"; „Traditionell Wollwürste mit Kartoffelsalat"; „Schweins- oder Kalbsbratwürstel mit Sauerkraut und Kartoffeln" und natürlich immer wieder „Wienerle" ... Fast möchte man meinen, Würstchen zählten zu den wesentlichen Requisiten dieses Tages. So konnte auch Utz Jeggle zur typischen deutschen Weihnacht sarkastisch schreiben, dass sie „mit Blockflöte und Saitenwürsten" gefeiert wird.

📝 Kartoffelsalat mit Bockwurst ist ein Muss!

Eine interessante Begründung für den Kartoffelsalat gab es in einer Zusendung zur Umfrage von 2001:

📝 Bei uns gibt es „Flüchtlingssalat" – Kartoffelsalat mit den verschiedensten Zutaten wie z. B. Kartoffel, Speck, Fisch, Kapern, Gurken usw. mit der Argumentation, da die Hl. Familie auf der Flucht war, habe man alle Lebensmittel, die noch da waren, zu einem Salat verarbeitet.

Das Festhalten an alten Traditionen, das an anderer Stelle noch ausführlicher beschrieben wird (S. ...), findet sich eben auch auf dem Speisezettel:

📝 Essen: Spargel, Kartoffeln, Schinken, von den Großeltern mütterlicherseits übernommen.

Aber auch andere einfache Gerichte werden angeboten: Fondue, kalte Platte Auflauf, Toast u. a. Begründet wird das nicht selten damit, dass es nicht zu viel Arbeit in der Vorbereitung machen soll.

🗨 Die Mädchen tragen heute das Mittagessen in Papas Arbeitszimmer auf. Es gibt ein einfaches Gericht, die in unserer Familie für den Heiligen Abend traditionelle Kartoffelsuppe mit Würstchen und hinterher Rote Grütze. Das kann schnell gegessen werden und hat auch der Köchin, die schon bei den Vorbereitungen für das Weihnachtsessen ist, wenig Arbeit gemacht. *(Sabine Leibholz-Bonhoeffer, Weihnachten im Hause Bonhoeffer)*

☞ Es gibt meist etwas Leckeres, das entweder fertiggekauft werden kann (z. B. eine Fischplatte zur Vorspeise) oder aber gut vorzubereiten ist (etwa ein Auflauf), damit ich nicht den Heiligen Abend in der Küche verbringen muss.

Außerdem schimmert vielleicht noch immer das Bewusstsein durch, dass erst der 25. der eigentliche Festtag ist.

☜ Wenn dann der folgende Tag, der Christtag, kommt, so ist er ihnen [= den Kindern] so feierlich, wenn sie frühmorgens mit ihren schönsten Kleidern angetan in der warmen Stube stehen, wenn der Vater und die Mutter sich zum Kirchgange schmücken, wenn zu Mittage ein feierliches Mahl ist, ein besseres als in jedem Tage des ganzen Jahres ... *(Adalbert Stifter, Der Bergkristall)*

☞ Unser Essen ist bewusst einfach, z. B. Toast Hawaii oder Pizza, was nicht soviel Arbeit macht. Unser Akzent liegt auf dem 1. Weihnachtsfeiertag und nicht auf dem Heilig-Abend-Essen.

☞ Das Essen gibt es vor der Bescherung. Es ist eher einfach und traditionell (Lachs, Forelle, Bratwürstchen, Kartoffelsalat, Toast). Das aufwändige Essen gibt es am 1. Weihnachtstag.

☞ In meinem Elternhaus (ev. Pfarrhaus) gab es wegen der starken Inanspruchnahme meines Vaters meist den klassischen Kartoffelsalat mit Würstchen. Traditionell wurde der im Amtszimmer gegessen, was meinen Vater zu allen sonstigen Verpflichtungen auch noch nötigte, wenigstens etwas die Papierstapel beiseite zu räumen, dass ein Essen möglich wurde: Es hatte immer etwas improvisiert Abenteuerliches!

Aber auch andere Gründe spielen bei der Wahl des Essens eine Rolle:

☞ Als Speisen [gibt es] oft etwas mit kommunikativem Charakter (Fondue, Raclette) und wenig direkter Vorbereitung. Zuhause war [es] vor der Fondue-Mode üblich, Kartoffelsalat und panierte Schnitzel [zu servieren]. Irgendwann wurde das als zu profan empfunden und musste aufgedonnert werden.

Ein solches „Essen aus einer Schüssel", wie es das (oder die) Fondue darstellt, ist interessanterweise ein gerade für hohe Feste lang belegter Brauch, hinter dem weniger der Gedanke der Konsumation als vielmehr der Kommunikation zum Ausdruck kam. Bei Fondue oder auch Raclette erlebte dieser Brauch seit den 1960er Jahren (in Deutschland) gewissermaßen eine Renaissance. Diese Gerichte bieten die Möglichkeit, „gleichzeitig zu essen und die Geschenke auszupacken", wie jemand schrieb. Hier kann man zwei Höhepunkte des Abends miteinander verbinden, während bei einem einfachen, schnellen Essen dieses in seiner Wertigkeit hinter dem Geschenke-Auspacken zurückfällt ...

Die Wahl des Essens ist unter Umständen auch ein Kompromiss zwischen den verschiedenen Herkunfts-Familien, aber auch den Generationen:

🖃 Als mein Mann und ich vor der Entscheidung standen, unser erstes gemeinsames Weihnachtsfest zu feiern, da kamen wir auf's Essen zu sprechen. Wie aus einem Munde sagten wir damals, ohne Bratwürste und Kraut ist es kein richtiges Weihnachten. Nachdem wir festgestellt hatten, dass es bei unseren beiden Familien das gleiche Essen gab, war es kein Problem mehr für uns, gemeinsam Weihnachten zu feiern.

🖃 Wir Eltern waren immer für Würstchen mit Kartoffelsalat. Unsere Töchter wollen Raclette essen. [...] Wenn sie aus dem Haus sein sollten, [gibt es] wieder Würstchen und Kartoffelsalat."

Zwischen einfach und festlich

Die Prägung des 24. Dezembers durch die einfachen Speisen einerseits und durch die Situation des beginnenden Festes andererseits prägt auch die Mahlgestaltung. Symptomatisch für diese zwiespältige Einschätzung sind folgende Antworten auf die Art des Essens:

🖃 Einfach, aber mit Kerzen auf dem Tisch (eigentlich auch so wie jeden Sonntag).

🖃 ... einfach, aber festlich gedeckt.

In den jüngeren Zusendungen auf die Umfrage kamen häufiger die Beschreibungen eines festlichen Heiligabendessens:

⊟ Es gibt immer Salm oder Lachs mit Toast, besonderen Wein, der Tisch ist außergewöhnlich gedeckt.

⊟ Essen festlich, bei Kerzenlicht, Vorspeise: Ragout fin, Hauptgericht: Scampi mit Cocktailsoße und Salat, Nachspeise: Variationen vom Eis, Früchten und Mousse (diese Speisen werden von allen Familienmitgliedern hoch geschätzt und stellen auch wieder einen Bruch mit der großelterlichen Gepflogenheit dar. Dort gab es Bratwurst mit Sauerkraut bzw. Karpfen, also von den Kindern besonders verabscheute Gerichte).

⊟ Das Essen ist traditionell, festlich und üppig, jetzt auch mit veganen Anteilen. Kartoffelklöße, Sauerbraten oder Ente, neu: vegane Braten. Endiviensalat und als Nachtisch Obstsalat mit Eis und Sahne.

Vielfach beginnt der „eigentliche" Heilige Abend nach dem Gottesdienst. Damit hat das familiäre Fest begonnen, was sich dann eben auch im Essen niederschlägt

⊟ Das Heilig-Abend-Essen gibt es nach der Christvesper, es ist ein festliches Essen, es gibt Wein und diversen Fisch.

Vorbereitung und Tischgestaltung

Schon die aufwändigere Vorbereitung des Essens zeigt die Verschiebung vom ehemals eher untergeordnetem Essen hin zu einem Höhepunkt des Abends. Ganz sicher tragen die Werbung und Artikel in einschlägigen Familienzeitschriften mit dazu bei. Zu einem Festessen gehört auch schon die Vorfreude beim Einkauf und bei der Zubereitung. Zumal dann, wenn man ohne Kinder feiert, kann das gemeinsame Zubereiten des Essens einen ersten Höhepunkt des Abends darstellen.

⊟ Mein Mann kocht, ich schmücke den Baum. Währenddessen trinken wir ein Glas Champagner, der Tisch wird festlich für die Gäste gedeckt.

⊟ Mein Mann und ich feiern Heiligabend allein. Wir ziehen uns schön an und es wird etwas besonderes zusammen gekocht.

⊟ Ein „neues" Ritual in meiner Familie besteht darin, jedes Jahr Gerichte aus anderen Ländern zu kochen. So hatten wir schon indische, italienische, mexikanische und griechische „Weihnacht".

Auch die Gestaltung des Tischschmucks kann etwas über die Einschätzung dieses Tages verraten. In der ersten Hälfte des letzten Jahrhunderts wurde der Tag katholischerseits noch unter adventlichem Aspekte gesehen; entsprechend wurde in einem Artikel von 1930 auch die Tischgestaltung am Heiligabend adventlich vorgeschlagen und für den 25. festlich: „Hell und rein erstrahlt unser Heim, denn Christus will Einzug halten. Schon am Nachmittag des 24. Dezember richten wir alles für den Heiligen Abend her. Unser weißes Tischtuch besticken wir mit Tannengrün. Über unserem Tisch hängt der Adventskranz; während dicke Wachskerzen, Tannenreis, Stanniolsternchen und Goldbänder unseren Tisch zieren. Zu Weihnachten nehmen wir unsere beste Tischwäsche und unser bestes Essgeschirr."

Die festliche Tischgestaltung weist auch auf die Besonderheit des Tages hin; nicht nur in den Speisen kann sich der Festinhalt ausdrücken. Dazu zählte auch der vor allem in Polen und ehemaligen ostdeutschen Gebieten geübte Brauch, auf den Tisch unter die Decke eine dünne Schicht Heu zu legen, was das Heu der Krippe symbolisieren sollte.

📖 Das Decken des Tisches war schon beinahe eine kleine Zeremonie. Mutter hatte ein weißes Tafeltuch in die Aussteuer gebracht, das nur zu Weihnachten und zur Kollende [= Jahreswechsel] aufgelegt wurde. Es waren ringsum Bilder aus der Biblischen Geschichte eingewebt. Das beste Geschirr gehörte auch dazu, und es war Brauch, einen Platz mehr zu decken, als Personen da waren; das war der Platz für „unseren Herrn Christ" hieß es, denn Christus soll immer einen Platz in unserer Familie haben. Salz, Brot und eine Kerze mussten auf dem Tisch sein. Wir setzten uns mit unseren besten Kleidern um den Tisch. Vater betete ein längeres Gebet vor für Lebende und Verstorbene, und dann wurde das Essen aufgetragen. *(Löcher)*

Der freie Platz, der in diesem Bericht angesprochen wird, hat – außerhalb des Weihnachtsmahls – eine alte Tradition; schon in der Antike gab es beim Totenmahl dieses Sinnbild einer Gemeinschaft über den Tod hinaus. Eine parallele Erscheinung gab es auch beim familiären „Heldengedenken" während des II. Weltkriegs; hierbei wurde dem Bild des Abwesenden (Gefallenen) ein „Ehrenplatz" unter dem Weihnachtsbaum eingeräumt, so dass er gleichsam an der Feier teilnahm. Dahinter stecken freilich tiefmenschliche Verhaltensweisen, die auch heute zu ähnlichem, nicht von einer Ideologie geformtem Tun führen können.

Darüber hinaus kann ein frei gehaltener Platz auch eine erwartete, zukünftige Gemeinschaft ausdrücken. Im Judentum gibt es den Brauch, beim Pesachmahl auch für den Propheten Elija zu decken, dessen Wiederkunft für diesen Abend erwartet wird. Im christlichen Bereich wird dieser Brauch überliefert für den Weihnachtsabend, er mag religiös wie praktisch veranlasst worden sein: Die Worte des Johannesevangeliums, das am Weihnachtstag gelesen wird („Er kam in sein Eigentum, doch die Seinen nahmen ihn nicht auf. Allen aber, die ihn aufnahmen, gab er Macht, Kinder Gottes zu werden") wie auch die des Lukasevangeliums aus der Nacht („Sie wickelte ihn in Windeln und legte ihn in eine Krippe, weil in der Herberge kein Platz für sie war") mögen dazu geführt haben, die Bereitschaft zur Aufnahme des Herrn, in welcher Gestalt er auch immer kommt, gerade an diesem Tag hoch zu halten.

Richard Wolfram beschrieb den alpenländischen Bauernbrauch des „Weihnachtsgastes", der sich ebenfalls lange Zeit erhalten hat. Es ist eine Form der Wohltätigkeit: Der Arme, auch der Fremde (z. B. Walzbruder), wird zum Weihnachtsmahl eingeladen. Er wird betrachtet als „Bote Gottes", der sogar Glück bringen kann; kein Wunder, dass man sich teilweise um die Armen stritt. Andererseits kann der „Weihnachtsgast" auch Unglück verheißen, vor allem, wenn er unvermutet während des „Heiligen Mahls" kommt. – Literarisch hat sich dieser Brauch u. a. in *Nikolaj Leskovs* Erzählung *„Der Gast beim Bauern"* oder in der Erzählung *„Das*

Christfest in der Familie Frommhold" von *Richard Baron* nieder-
geschlagen.

- ⊟ Wichtig ist auch noch, dass von allen Speisen ein kleiner Rest übrig
  bleibt. In das Tischtuch eingeschlagen werden sie bis zum nächsten Tag
  weggestellt – es könnte ja noch ein hungriger Fremder oder armer Ver-
  wandter vorbeikommen ...

- ⊟ Es wird immer ein Teller zu viel eingedeckt, als Symbol dafür, dass jeder
  willkommen ist und z. B. auch eine obdachlose Person, die an der Haus-
  türe klopft, mit uns essen kann.

Ob Letzteres in unserer Zeit und Gesellschaft wirklich noch vor-
kommt, sei dahingestellt, aber die grundsätzliche Bereitschaft wird
auf diese Weise ausgedrückt.

Symbolik der Speisen

Das Essen an diesem Tag ist von großer Symbolik. Es weist entweder auf die alte Einschätzung des Heiligabends als Vorbereitungs-
bzw. Fastentag oder als Festtag hin. Und manche Speisen liefern
auch einen Hinweis auf den Festinhalt. Dazu zählt der schon an-
gesprochene Fisch, der z. B. als Karpfen auf den Tisch kommt und
der nicht nur als Fastenspeise gilt: „Wo es Sitte ist, am Heiligen
Abend in der Familie Fisch zu essen, möge diese wegen ihrer Sinn-
bildlichkeit mit Christus beibehalten und gefördert werden", heißt
es in dem weiter oben schon zitierten Artikel aus den 30er Jahren
des 20. Jahrhunderts.

- ⊟ Bei uns und vielen Coburgern gibt es am Heiligen Abend zu Mittag ein
  einfaches Essen, traditionell ist Linseneintopf ... Am Heiligen Abend selber gibt es ein festliches Abendessen mit mehreren Gängen. Fisch wäre
  hier zu Lande zwar auch traditionelles Abendessen, aber es gibt in einigen Familien keinen Konsens in Bezug auf Fisch. Bei uns gibt es halt dann
  auch ein Festessen mit Fleischgerichten.

Außer dem Fisch gibt es noch andere Speisen, die einen ganz unmittelbaren Bezug zu den Ereignissen des Festes haben; sie wur-

den als Rituale des Essens vor allem in den östlichen Ländern gepflegt, wo sie als Auftakt zu den kommenden Feierlichkeiten gal-
ten und in einer ganz bestimmten Reihenfolge eingenommen
wurden. Wie das in Lettland ausgesehen haben mag, wird aus
einem Bericht der Zeitschrift „Bibel und Liturgie" (1935/36) deutlich:

„Zuerst wurde Fisch serviert, der Christum bedeutet, in dessen
Liebe wir verbunden sind, – dann Hafermus, – grau und bitter. Es
versinnbildlicht das Alte Testament, auf dem der Sündenfluch
ruht, – hierauf rosafarbenes Gelée aus Schneebeeren zum Zeichen, dass wir durch Christi Blut erlöst sind und durch dasselbe
alle Bitterkeit versüßt wurde. Dabei wurde ein Herbergsuchelied
gesungen: ‚Josef, geh langsam, meine Stunde naht ...' Dann folgte
gequollener Weizen mit Honigwasser übergossen zur Erinnerung
daran, dass Adam und Eva sich von Feldfrüchten ernährt haben, –
aber auch als Hinweis auf die Eucharistie, das Brot, das Süßigkeit
in sich enthält. Dann folgte zerstoßener Mohn in Honig gekocht,
ein Symbol des echten Christen, der auch in Leiden zermalmt werden muss, um in Christus umgestaltet zu werden, – doch die Speise schmeckt süß, wie auch das Leiden um Christi willen leicht ist.
Kleingebäck, ein Zeichen der Erlösungsgnaden, schließt das Mahl."

Dieses Festessen weist wie auch das im Erzgebirge und Vogt-
land übliche „Neunerlei" in seiner Symbolik und Reichhaltigkeit
(oft auch zwölf Gänge) nicht nur auf Weihnachten hin, sondern
auch auf den Jahreswechsel, der früher teilweise mit dem 25. Dezember verbunden war. Es geht also in den Speisebräuchen dieses
Abends auch um die Zukunft, die man mittels der Speisen aus-
deuten und zum Positiven lenken möchte. Dazu gehören vor allem quellende Speisen, die ein Symbol für Fruchtbarkeit und Wohl-
stand sind, aber eben auch die Vielzahl der Gerichte.

▤ Nach dem Aufgehen des Abendsterns, d. h. nach 17:00 Uhr: Festlich, traditionelles Essen. Vorspeise: Suppe, Salat; Hauptgang: gedünstete Kartoffeln, Sauerkraut, Erbspürree, Fisch; Nachspeise: Kompott aus Trocken-
früchten und Mohnklöße (kommt aus Schlesien!).

Was in einem älteren Bericht über das Heiligabend-Essen als gereiftes Resümee anklingt, kann auch als Abschluss dieses Abschnittes dienen:

📖 Für mich war das Essen am Heiligen Abend kein gewöhnliches Nachtessen. Es war eine ehrfurchtsvolle, feierliche Handlung. So erfuhren wir bereits als Kinder etwas von der Erhabenheit und Hoheit des Festes! *(Löcher)*

„Wisst ihr noch, wie vor'ges Jahr ...?"
Erzählen, Vorlesen und Spielen

> Ich erzählte, wie es bei uns gewesen war, zu Weihnach-
> ten, daß wir einen halb angesengten Wachsengel gehabt
> hätten und das teleskopartige Gerät zum Auspusten der
> Kerzen und Mecklenburger Pfeffernüsse, einen ganzen
> Waschkorb voll, „Rollgriff", klare Sache und damit
> hopp. [...]
> Und er erzählte, wie's bei ihnen gewesen war, in Königs-
> berg. „Königsberg, unser Paradies!" hatte seine Mutter
> immer gesagt. Ein Haus voller Bilder in erstklassiger Ge-
> gend.
> Und all die alten Geschichten.
>
> *Walter Kempowski, Uns geht's ja noch gold*

Mit der Geschenkübergabe bzw. dem Essen ist der Heilige Abend noch nicht abgeschlossen. Wenn die familiäre Feier schon am (späten) Nachmittag stattfindet,
ist nun genügend Zeit für anderes – sofern nicht einfach der Fern-
seher angemacht wird oder man sich mit dem Computer oder
Smartphone die Zeit vertreibt. Die meisten Anregungen zur Gestaltung des Heiligen Abends zu Hause raten zum Erzählen und
Spielen, zum Vorlesen, Musikhören usw. Bilder können gezeigt
werden, um auch die Geschichte der Familie in Erinnerung zu
rufen. Dies hat nicht nur eine Bedeutung im Rahmen familiären
Zusammenseins, vielmehr liegt das Erzählen und Spielen auch
im Wesen der Feier selbst und in der Geschichte des Festes begründet. Erzählungen und Geschichten sind zudem mit Blick auf
das Fest wie auch auf die (familiäre) Gemeinschaft Identität stif-
tend.

Geschichten erzählen

Das Weihnachtsfest ist nicht nur Thema des Erzählens und unzähliger Geschichten, umgekehrt kann das Erzählen und können die Geschichten auch Teil des Festes sein. Das Gespräch untereinander, das Erzählen (auch von früher) wird nicht nur in vielen Erinnerungen an den Heiligen Abend angesprochen, es wird auch immer wieder in den Hilfen und Modellheftchen angeregt: Besonders eindrucksvoll sei es für die Kinder, wenn die Älteren erzählen, wie sie Weihnachten früher erlebt und gefeiert haben.

Nicht nur der Heilige Abend, vor allem die Adventszeit bietet Raum zum Erzählen; für keine andere Zeit gibt es so viele Bücher mit Geschichten. Obwohl die elektronischen Medien dem traditionellen Erzählen und den überkommenen Erzählsituationen in den Familien eigentlich den Boden entzogen zu haben scheinen und die zwischenmenschlichen Beziehungen erheblich stören, ist die Lust an erzählten Geschichten anscheinend ungebrochen. Das ist einerseits erstaunlich, wenn z. B. mitunter bewusst auf die künstliche Unterhaltung verzichtet wird. Andererseits auch wieder nicht, denn zu den klassischen Erzählgelegenheiten gehören nach der Erzählforscherin Linda Dégh ohnehin Winterabende und festliche Anlässe. „Als natürlicher Rahmen des unterhaltenden Geschichtenerzählens werden übereinstimmend Dämmerung, Zwielicht, die Abendstunden, die Nacht und der dunkle Raum bezeichnet ...“

☞ Wir feiern an den restlichen Tagen mit Plätzchen, Punsch, Weihnachtsgeschichten und Liedern fast jeden Abend.

☞ Im Weihnachtszimmer steht in einer Ecke die große aufgebaute und beleuchtete Krippe, wovor wir alle Weihnachtslieder singen. Dann setzten wir uns vor den Weihnachtsbaum und mein Mann erzählt eine Geschichte.

Welche Funktion haben die Geschichten und das Erzählen im Rahmen dieses Festes? Zum einen ist es natürlich wie das gemeinsame Singen und Musizieren ein Ausdruck der Gemeinschaft; allein erzählt man nichts, liest keine Geschichte(n) vor. Es ist die

Form einer Unterhaltung aus einer Zeit in der es noch keine Unterhaltungsgeräte gab. Auch das könnte darauf verweisen, dass sich an hohen Tage alte Formen zu bewahren pflegen (vgl. dazu Kapitel ...). Erzählgemeinschaften sind ferner für die Weitergabe der Überlieferung wichtig, dienen der Erinnerung und Vergegenwärtigung des Festinhaltes wie auch der Geschichte der Feiernden. Dies kommt besonders im Erzählen von früheren Weihnachts-Erlebnissen zum Ausdruck („Wisst ihr noch ...?"), die die Familientradition begründen. An Weihnachten wird so Familiengeschichte verdichtet.

▤ Gemeinsam Zeit verbringen und alte Bilder anschauen, sprechen über Menschen, die an diesem Tag nicht dabei sind / sein können.

▤ Spätestens während des Essens werden Erinnerungen wach an unsere Großeltern und die Weihnachtsfeiern gemeinsam mit ihnen. Und dann sind alle froh und dankbar, dass es meiner Mutter wieder einmal gelungen ist, dieses Essen (fast) so hinzubekommen wie ihre Mutter.

▤ Nach dem Essen setzen wir uns zusammen, trinken einen Wein, wünschen uns „Frohe Weihnachten" und erzählen uns Neuigkeiten, vom letzten Urlaub, von Plänen für das nächste Jahr usw.

▤ Wir sitzen gemütlich beisammen und essen Kekse und unterhalten uns und spielen. Wir haben Spaß zusammen, weil wir uns nicht oft sehen.

Zum Heiligabend gehören auch die „Geschehnisberichte", die zum Teil auf dem eigenen Erleben der Erzähler bzw. ihrer Bekannten oder Verwandten basieren; es sind Erlebnisberichte von glücklichen Ereignissen, aber auch von besonderen Vorfällen oder heiteren Begebenheiten. Selbst im Lied *„Morgen, Kinder, wird's was geben"* klingen sie an, wenn die Feier und die Geschenke des vergangenen Weihnachtsfestes in Erinnerung gerufen werden: „Wisst ihr noch, wie vor'ges Jahr es am heil'gen Abend war?"

▤ Vor Jahren, als der Heilige Abend mal auf einen Sonntag fiel, wurde erst beim Aufbau des Weihnachtsbaumes festgestellt, dass der Ständer im Vorjahr kaputt entsorgt worden war. Ersatzbeschaffung war versäumt worden. So musste die einzige im Keller lagernde (gefüllte) Bierkiste herhalten: Kunstvoll drapiert tat sie gute Dienste und die Geschichte muss bei jedem Baumschmücken erneut erzählt werden ...

🐌 Während wir mit Behagen aßen, erzählte die Mutter von der Pyramide, die der Großvater, der Geisterseher, zu jedem Christfest aufbaute. Schon oft hatte sie es uns erzählt. Ich sah den vielgestuften Berg, an welchem Väter und Söhne mit Witz und Kunst gebaut, getüftelt und hinzugetan hatten Jahr um Jahr, sah das ganze Wunderding wie leibhaftig vor mir. [...] Ich konnte es eigentlich nicht fassen, aber ich glaubte der Mutter aufs Wort und habe erst später mit eigenen Augen gesehen, daß sie nicht zu-viel gesagt hatte. *(Richard Wolf, Christabend)*

Bewusst gefördert wird das weihnachtliche Erzählen vom Norddeutschen Rundfunk. Seit vielen Jahren bittet er seine Hörer zu Beginn der Adventszeit, selbst erlebte oder erdachte Weihnachtsgeschichten aufzuschreiben und einzusenden. Im Programm der Vorweihnachts- und Weihnachtstage wird jeweils eine Auswahl dieser Geschichten von bekannten Schauspielern vorgelesen, von einem Verlag werden sie veröffentlicht. Auch dieser bittet seine Leser: „Wenn Sie sich in der Weihnachtszeit im Familien- oder Freundeskreis zusammenfinden, um bei dampfenden Bratäpfeln aus dem Kachelofen, bei einem Glas Glühwein oder Grog und dem flackernden Licht einer Kerze zu erzählen, zu träumen, Erinnerungen auszutauschen, dann schreiben Sie Ihre Geschichte doch auf ..." Ganz im Sinn dieser Bilderbuch-Szenerie heißt die Reihe der Büchlein „Weihnachtsgeschichten am Kamin".

Zum Essen gehören das Gespräch und Erzählen ebenfalls mit dazu. Der geistliche Inhalt dieses Gesprächs, wie es in einem weihnachtlichen Hausbuch aus den 1950er Jahren gewünscht wurde („Das festliche Mahl schließt die Feier ab. Wir sollten es in Frieden und Freude einnehmen und auch in den Gesprächen das vorausgegangene religiöse Erlebnis nicht verleugnen"), war wohl damals schon frommer Wunsch und dürfte sich auch heute nur auf wenige Familien oder geistliche Gemeinschaften beschränken.

🖻 Das Weihnachtsevangelium wird nicht gelesen, jedoch wird ausführlich über die Predigt diskutiert.

Vorlesen

In den Zusammenhang des Erzählens gehört auch das Vorlesen, nicht nur am Heiligen Abend selbst, sondern in der ganzen winterlichen Zeit. Die verschiedenen Hilfen, Haus- und Werkbücher zur Gestaltung der adventlichen und weihnachtlichen Tage bieten in der Regel auch Erzählungen an, zahlreiche Bücher enthalten auch nur adventliche und weihnachtliche Geschichten. Und darüber hinaus natürlich alles Mögliche, was sich zum Vorlesen eignet.

▣ Am Ende des Abends zu Hause erzählen wir uns etwas, lesen Geschichten vor und singen und musizieren.

▣ Lieder werden gesungen, auch nochmal nach dem Essen. Außerdem lesen wir immer Geschichten und Gedichte vor, aber eher weltlich, von Kästner oder Ähnliches.

▣ Zum seit jetzt ca. 20 Jahren stattfindenden festlichen Abendessen zusammen mit befreundeten Paaren gehört das Vorlesen einer (kölschen) Weihnachtsgeschichte (nicht die des Lukasevangeliums).

Weihnachtszeit ist auch Märchen-Zeit; in Theatern werden „Weihnachtsmärchen" aufgeführt, auch das Nussknacker-Ballett hat in dieser Zeit besondere Konjunktur, im Fernsehen laufen viele Märchenfilme. Möglicherweise hat die Uraufführung der Märchenoper „Hänsel und Gretel" von Engelbert Humperdinck am 23. Dezember 1893 dazu beigetragen – wie auch das Vorkommen von Lebkuchen in diesem Märchen –, dass es die Vorstellung eines „Weihnachtsmärchens" gibt.

🐦 Oben in den Nestern bekam jedes Kind fünf Walnüsse und zehn Haselnüsse auf die Hand, dazu drei harte Pfefferkuchen nach Nürnberger Art. Es gab Würstchen mit Kartoffelsalat, und dann las das Fräulein Kramer das Märchen von Hänsel und Gretel, weil sie gedacht hatte, da käme Weihnachten drin vor. *(Walter Kempowski, Herzlich willkommen)*

▣ Morgens den Baum schmücken, während Weihnachtsmusik oder „Drei Haselnüsse für Aschenbrödel" läuft.

Und natürlich gehören auch andere Filme wie „Michel aus Lönneberga" oder die „Knuddel-Geschichten", die Jahr für Jahr im TV laufen, hierher.

Spiele und Spielen

Neben den Gesprächen und Erzählungen gibt es dort, wo nicht Fernsehapparat, Labtop oder Smartphone das Zusammensein prägen, als Form der Unterhaltung auch Spiele unterschiedlichster Art: Das gemeinsame Spiel wird sogar in den neueren Hausbüchern als Element des Heiligen Abends empfohlen, weil es gerade für Kinder ein wichtiger Teil des Heiligen Abends und der folgenden Feiertage ist. Mit dem gemeinsamen Spielen schenkt man den Kindern auch Zeit.

⊟ Nachmittags geht es in die Christvesper, anschließend gibt es Abendessen daheim und dann Zusammensein und Bescherung am Tannenbaum, danach noch eine Spielerunde.

⊟ Besonders wichtig ist den Kindern das Spielen unter dem Weihnachtsbaum (mit den neuen Geschenken) und das gemeinsame Spiel am Abend, wo wir Trivial Pursuit, Tabu oder ähnliches spielen.

⊟ Es wurde in meiner Kindheit ein Gedicht vorgetragen oder Weihnachtsmusik abgespielt. Anschließend haben wir gemeinsam Brettspiele oder Karten gespielt.

Natürlich sind diese Art Spiele ein wichtiger Ausdruck von Gemeinschaftlichkeit und somit auch der Feier – sie gehören aber ursprünglich nicht zum Festgeschehen dazu und zeigen wiederum sehr deutlich, wie die Gestaltung von Weihnachten und speziell des Heiligen Abends auch in Hinblick auf die Kinder geschieht. Und es zeigt das Festhalten an alten Traditionen aus einer Zeit, als der Familienabende noch nicht medial und digital geprägt waren.

Im Zusammenhang des Spielens kann man auch an ein „Krippenspiel" denken, das z. B. die Kinder zuhause aufführen. Noch

Mitte letzten Jahrhunderts wurde in einem weihnachtlichen Hausbuch gefordert, dass in den Mittelpunkt allen Spielens die Weihnachtsgeschichte gehöre. Denn die Weihnachtsfeier sei immer Verkündigung, und am eindringlichsten komme das durch das Spiel zum Ausdruck. Auf die Frage nach einem „Krippenspiel" bei der Umfrage wurde aber fast durchgängig mit Nein geantwortet bzw. auf die Kirche verwiesen, wo ein solches stattfindet. Und einmal wurde auch als Grund angegeben:

☞ Nein – vermutlich auch, da keine kleinen Kinder, sondern nur Erwachsene vorhanden ...

„So, jetzt zieht ihr euch mal um ...!"

Vorbereitung des Heiligabends

> „Die Vorbereitungen", sagte meine Mutter, „das ist noch
> das Allerschönste. Die Vorfreude. Wenn dann so ein Tag
> nach dem andern vergeht, und nächsten Sonntag wieder
> ein Licht mehr." Früher, ihr Vater, oh, sie wüßte es noch.
> Das Aufschmü-
> cken des Weihnachtsbaumes, das habe er immer selbst ge-
> macht. Richtig eine Wissenschaft. Wachsengel bei Kordes
> gekauft, jeder einzeln in einer kleinen Kiste. In Watte ge-
> packt.
>
> *Walter Kempowski, Tadellöser & Wolff*

Äußere Vorbereitungen

Auf ein so großes Fest wie Weihnachten bereitet man sich für gewöhnlich vor. In zweierlei Hinsicht ist diese Vorbereitung zu ver-
stehen: einmal als ein äußeres Tun im Herrichten der Wohnung,
in der Vorbereiten des Essens und Planung der Feier des Heiligen
Abends etc. Zum andern ist die Vorbereitung natürlich auch ein
inneres Tun dort, wo Weihnachten als ein geistliches Geschehen
und religiöses Fest gefeiert wird. In beiden Fällen soll die Vorbereitung helfen, das Fest erst richtig zu erleben.

Der Heilige Abend fängt für viele schon am Morgen an. Es gilt,
die unmittelbaren Festvorbereitungen aufzunehmen, einzukau-
fen, womöglich noch Geschenke zu besorgen. Das äußere Herrichten der Wohnung etc. ist zunächst ein typisches Tun für den
Vortag eines Festes. Der dem jüdischen Sabbat als dem Fest in der
Woche vorausgehende Tag heißt im dem Sinne sogar „Rüsttag"
(vgl. Joh 19,31). Und so wie der Sonnabend in Hinblick auf den
Sonntag war auch der Heilige Abend ursprünglich ein Tag der
Einstimmung auf den folgenden Festtag.

📖 Der Heilige Abend war ein Tag erhöhter Hausarbeit wie jeder Samstag. Es wurde geschrubbt fast bis zum Abend, dann gab es das Abendessen …
(Sauermann, Westfalen)

In vielen Gegenden wurde bis in das 20. Jahrhundert hinein am Heiligen Abend lange gearbeitet, auch konnte bis zum Abend eingekauft werden, die Gaststätten hatten geöffnet. Für viele Menschen ist dieser Tag bis heute mit den letzten Vorbereitungen für den Abend belegt, sofern sie nicht bereits am 23. oder den Tagen zuvor erledigt wurden. Dazu zählen neben dem Besorgen und Verpacken der letzten Geschenke, dem Putzen und Dekorieren der Räume auch das (gemeinsame oder auch geheim gehaltene) Schmücken des Christbaums und das Aufstellen der Krippe, das Kochen sowie das Baden oder Duschen – eine typische Vorbereitung auf den bevorstehenden Festtag (vgl. das von Wilhelm Busch skizzierte berühmte „Bad am Samstagabend"). Vor allem aber das Umziehen. Letzteres läutet den eigentlichen Feiertag ein und geschieht entsprechend kurz vorher.

📑 Die typischen Vorbereitungen sind: letztes Einkaufen. Kochen und Vorbereiten für das große Essen am 25. füllen den Tag bis etwa 16:00 Uhr. Dann Baum schmücken. Schließlich duschen, nett anziehen und sich unter dem Baum treffen.

📑 Häufig kaufe ich noch am Heiligabend Geschenke, was ich mag, weil die Stadt da einigermaßen leer ist. Sich baden und schön anziehen, das gehört auch dazu, das Aufrichten des Baumes und speziell auch das Schmücken ist schon ein besonderer Akt. Putzen gehört nicht zu meinen Ritualen. Manchmal rufe ich auch meine Mutter an, um ihr einen schönen Heiligen Abend zu wünschen.

📑 Vorbereitungen finden sämtlich am Vormittag und Nachmittag des 24. statt. Putzen, Essen vorbereiten, Kinder zum Duschen zwingen und anschließend herausputzen, sind stets die letzten Handgriffe. Baum wird meist am 23. abends aufgestellt und am 24. vormittags von den Kindern geschmückt. Krippe wird ebenfalls am 24. aufgestellt.

„So, jetzt zieht ihr euch mal um' – man wurde in seine Sonntagskleider eingewiesen, die schließlich noch auf ordentlichen Sitz und

Fusselfreiheit überprüft wurden": So die Erinnerung in Jeggles DIN-Norm des Heiligen Abends. Auch wenn es eine typische „Sonntagskleidung" wie noch zu seiner Jugendzeit heute kaum mehr gibt, so gehört zur Vorbereitung auf den Heiligen Abend auch das Umziehen. In den Antworten auf die Umfrage kommt vielfach zum Ausdruck, dass man sich vor Beginn der Feier bzw. auch schon vorher „festlich" oder „schick", „schön, aber nicht aufwändig" kleidet.

⊟ Ich trage an Weihnachten immer einen Anzug, zumindest aber ein Sakko. Ich finde es sehr schade, dass der Rest meiner Familie sich sehr leger kleidet, so dass ich diesem Stil gerne etwas entgegensetzen möchte, da im ganzen Geschenke- und Konsumrausch die Feierlichkeit manchmal etwas abhanden zu kommen scheint, besonders aber auch die Rückbesinnung auf den Ursprung des Festes.

⊟ Dass es ein besonderer Abend für uns alle [im Kloster] ist, zeigt sich darin, dass (fast) alle den Habit trugen – für uns ganz und gar nicht selbstverständlich.

Die Besonderheit des Tages kann sich freilich – ganz ähnlich wie am Wochenende/Sonntag – auch darin ausdrücken, dass man bewusst legere Kleidung anlegt und sich von der üblichen Kleidung unter der Woche befreit.

⊟ Leichtes „Up-Dressing" (keine „Abendgarderobe", sondern die schönsten Lieblingsklamotten).

⊟ Kleidung früher eher elegant und besonders ... inzwischen bequem und kuschelig.

Während auf den Bildern in den diversen Weihnachtsbüchern, vor allem in den Anzeigen, die Kinder meist in Festtagskleidung erscheinen, wird zugleich angeraten, ihnen bequeme Sachen anzuziehen – des Spielens wegen: Kinder wollen gerade Weihnachten ungestört und ausgiebig mit den neuen Spielsachen spielen können.

Der 24. Dezember ist aber nicht nur Vorbereitungstag ähnlich dem Sonnabend/Samstag. Er ist für viele auch schon Auftakt des Festes bzw. sogar dessen Höhepunkt. Nicht nur um der Vermeidung von Stress und Hektik willen finden – sofern dies bei Berufstätigen möglich ist – vielfach die Vorbereitungen inzwischen schon am 23. oder an den Tagen zuvor statt, um sich am 24. selbst den eigentlichen Feiern in Ruhe hingeben zu können. Auch wird daraus deutlich, dass der 24. zunehmend als Feiertag verstanden und begangen wird und nicht mehr als „Rüsttag".

☞ Der Baum wird meist am Abend des 23. geschmückt, damit am 24. Zeit für Kirche und Hübschmachen ist. Weihnachten hat einen langen Vorlauf, sonst ist zu schnell vorbei.

☞ Alles vor dem Heiligen Abend. Baumschmücken ca. 1 Woche vorher, sonstige Deko schon Anfang Dezember. Einkaufen 22., 23. – je nachdem, was für ein Wochentag. 24. morgens duschen bzw. baden, je nach Zeit.

Innere Vorbereitung

Kirchlicherseits ist der ganze Advent eine Zeit der inneren Vorbereitung auf Weihnachten hin und die Begegnung mit Jesus Christus. „Wie soll ich dich empfangen und wie begegn ich dir", heißt es in einem alten evangelischen Adventslied. Und so wird natürlich auch in den religiösen Büchern die Vorbereitung auf Weihnachten im Innerlichen gesehen: „Wir selbst möchten bereit sein, den Heiland der Welt zu empfangen, ihm Raum in unserem Haus und in unseren Herzen zu schaffen. ‚Komm, o mein Heiland Jesu Christ, mein's Herzens Tür dir offen ist ...'", heißt es in einem „Familienbuch für die Advents- und Weihnachtszeit" von 1999. In diesem Sinne ist die Vorbereitung auf das Fest nicht mit dem 24. oder 23. 12. getan; sie erstreckt sich über einen längeren Zeitraum und beginnt eigentlich viel früher.

☞ Die innere Vorbereitung ist das Wichtigste. Sie beginnt bereits den ganzen Advent, wenn nicht das ganze Leben hindurch.

Zu dieser Art innerer Bereitung zählt(e) katholischerseits auch die Beichte, wie sich der Schriftsteller *Stefan Andres* erinnerte:

🐝 Eine weitere Vorbereitung zum Fest bestand im Hausputz, im Beichtgang und im Besorgen eines Christbaumes. *(Moselweihnacht)*

📖 Die Gaststube wurde erst am Spätnachmittag geschlossen, kurz vor dem Abendessen; man war aber nicht erfreut, wenn noch am späten Nachmittag Gäste kamen. Es ihnen zu verwehren, war nicht möglich. Denn an diesem Heiligen Abend erfolgte ein besonders starker Andrang zum Beichten, zu dem die Bauern fuhren und also die Wagen abstellen und die Pferde unterstellen und die Decken ins Haus bringen mussten. *(Sauermann, Westfalen)*

Wahrscheinlich ist das Beichten (nicht nur) vor diesem Fest ziemlich rückläufig. Vereinzelt wurden aber in der Umfrage auf die Frage nach der Vorbereitung des Festes das Beichten und „die Bußandacht als religiöse Vorbereitung" genannt. –Bußgesinnung in der Vorbereitung auf Weihnachten kam früher auch zum Ausdruck im Sammeln der Strohhalme durch die Kinder, die für kleine Opfer standen (Verzicht auf Süßigkeit o. ä. – s. S. 91 f.). Tatsächlich war ja der ganze Advent bis in das 20. Jahrhundert hinein eine zweite Fastenzeit.

Zu den Vorbereitungen zählen noch Tätigkeiten, die an anderer Stelle beschrieben werden, etwa das Überbringen von Geschenken (an Bedürftige). Aber auch der Besuch der Gräber verstorbener Angehöriger gehört für viele dazu; es zeigt sich auch darin nochmals die Bedeutung des Weihnachtsfestes und speziell des Heiligabends für die Familie.

🕯 Am Weihnachtsabend nach alter Gewohnheit ein Licht auf den Friedhof gebracht. Ich vergrub es zur Hälfte im Schnee, den es durchleuchtete. Oben zog Gewölk am bleichen Mond vorbei, der zur Stunde von einem amerikanischen Team umrundet wird. *(Ernst Jünger, Tagebuch 24. 12. 1968)*

📝 Nach dem Mittagessen gehe ich zum Friedhof, ans Grab meiner Mutter. Ich schmücke das kleine, naturgewachsene Fichtenbäumchen. [...] Ich treffe viele liebe Bekannte. Weihnachtswünsche werden leise über die Gräber hinweg ausgetauscht.

📝 Vor der Feier gehen alle Familienmitglieder, die können, am späten Nachmittag zur Dämmerung zum Friedhof, besuchen die Gräber von Vater, Mutter und anderer toter Verwandte und Freunde, zünden Grablichter an und denken an sie.

Für den Brauch, an Weihnachten kleine Christbäume oder sonstigen Weihnachtsschmuck und Kerzen auf den Gräbern aufzustellen, gibt es erste Zeugnisse aus dem Ende des 19. Jahrhunderts. Er hat sich gegen den teilweisen Widerstand der (evangelischen) Geistlichkeit durchgesetzt, die ihn als „katholisch" oder sogar „heidnisch" ablehnte.

Auch ein Spaziergang wird in vielen Antworten auf die Umfrage erwähnt – man will in Ruhe die besondere Zeit genießen oder die Kinder kurzzeitig entführen, damit das Weihnachtszimmer hergerichtet werden kann – oder auch, um in die Fenster anderer Häuser zu schauen, wo vielleicht schon die Bescherung im Gange ist.

Wann beginnt der eigentliche Heilige Abend – und wann endet er?

Innerhalb eines Vorbereitung und Fest gleichermaßen umfassenden Tages ist es wichtig, einen Punkt zu haben, von dem man sagen kann: Ab jetzt ist Fest. Wie Utz Jeggle zur „DIN-Norm" schrieb: „Diese Phase [der Vorbereitung] wurde abgeschlossen durch den Kaffee, der gleichzeitig den Beginn der eigentlichen Festlichkeiten markierte." Es ist auch ein Übergang von der Advents- zur Weihnachtszeit. Manchmal werden ein letztes Mal die Kerzen des Adventskranzes enzündet.

▣ Nachmittags gemeinsames Glühweintrinken mit Plätzchen und Adventskranz.

Religiös kann man diesen Beginn des Heiligen Abends auch mit dem Besuch der Kinderchristmette bzw. einer Krippenfeier oder Christvesper oder der Rückkehr davon gleichsetzen, wie auch verschiedentlich gesagt wird: „Beginn nachmittags mit dem Kirchbesuch."

Auch scheint es wichtig zu sein, dass es schon dunkel ist – ohne Dunkelheit ist ja kein „Abend". Mitunter wird dieser Übergang bzw. Beginn des „eigentlichen" Heiligen Abends geradezu rituell begangen:

☞ Der Heilige Abend fängt so gegen 18:00 Uhr an. Jedenfalls natürlich nach Einbruch der Dunkelheit.

☞ Eher spätnachmittags, abends. Da wird es dunkel und man kann gemütlich mit Kerzen den Abend „einläuten".

Auch wenn vom Bäckerhandwerk seit einiger Zeit der 1. Advent als „Stollen-Geschenktag" propagiert wird, gehört dieses Traditionsgebäck für viele zu Weihnachten und speziell zum Heiligabend, wie sich auch *Sabine Leibholz-Bonhoeffer* erinnerte:

☙ Bis zum Nachmittag herrscht noch große Weihnachtseile, aber dann findet sich die ganze Familie im Wohnzimmer zum Tee zusammen, wo wir noch ein halbes Stündchen gemütlich beieinander sitzen. Zum erstenmal gibt es vom selbst gebackenen Christstollen. *(Weihnachten im Hause Bonhoeffer)*

☞ Für mich fängt er am Nachmittag mit dem feierlichen Anschnitt des ersten Christstollens an.

☞ Zuhause [nach der Rückkehr vom Friedhof am Nachmittag] schneide ich den Weihnachtsstollen an. Dieses weihnachtliche Kaffeetrinken am Heilig Abend nannten wir früher „die blaue Stunde".

☙ Zu Hause wird dann zum künstlich ausgedehnten Kaffeetrinken geschritten: „Kinder, ihr glüht ja!" Die Weihnachtsdecke liegt auf dem ovalen Tisch, der mit dem guten Geschirr gedeckt ist, das man sich aus Thüringen hat kommen lassen, mit Pfeffernüssen dekoriert und bunten Kringeln und brennenden, von kleinen flachen Holzengeln in die Höhe gehaltenen Kerzen, einigen wenigen brennenden Kerzen, denn so ist es ja nicht, dass hier schon alles vorweggenommen wird, die ganze Freude und das helle Licht. Die volle Freude wird dort hinter der Schiebetür ausbrechen, und zwar still und innerlich. [...] „Ihr glüht ja!" wird zu den Kindern gesagt, und beschwichtigt müssen sie werden, herabgestimmt aufs innige Erleben, dass sie die Traulichkeit des Abends auch umfängt. *(Walter Kempowski, Aus großer Zeit)*

Man kann auch danach fragen, welchen Zeitraum und -rahmen der eigentliche „Heilige Abend" in Anspruch nimmt, oder anders gefragt: Wann ist er zu Ende?

Nach Jeggles DIN-Norm zieht sich der Abend nach dem Geschenke-Auspacken noch länger hin: „Im übrigen durfte man aufbleiben, solange man wollte." Für Kinder ist es ja auch etwas Besonderes, bis lange in die Nacht oder sogar bis nach Mitternacht aufbleiben und dabeibleiben zu dürfen. Manchmal beendet der Besuch der nächtlichen Christmette die gemeinsame Feier, oft löst sich aus anderen Gründen die familiäre Gemeinschaft auf oder verlagert sich die Feier an einen anderen Ort.

Interessant sind in diesem Zusammenhang auch die Öffnungszeiten der Restaurants, Gaststätten und Kneipen, die nicht selten im Zeitrahmen zwischen etwa 16 und 22 Uhr geschlossen haben.

☞ Seitdem ich 16 bin, treffe ich mich nach der Bescherung mit meinen Freunden in einer Bar, so ab 22:00 Uhr, da haben wir noch unsere kleine Bescherung.

☞ Je nach Möglichkeit versuche ich, mit Bekannten nach der Christmette noch etwas essen zu gehen; in Mainz haben aber beinahe nur noch Imbisse o. ä. gegen 22.00 offen.

☞ Die erwachsenen jungen Leute gehen so gegen 23.00 in die Kneipe, um Gleichgesinnte zu treffen.

Für die Verantwortlichen und Protagonisten der abendlichen und nächtlichen Gottesdienste – die Pfarrer, Kirchenmusiker, Küster und all jene, die die Gottesdienste vorbereiten und gestalten – verschiebt sich die Feier oft auf die Zeit danach, wie aus manchen Antworten abzulesen ist: „Abends, wenn der letzte Gottesdienst vorbei ist." Und für all diejenigen, die arbeiten müssen, während die anderen feiern, gibt es ohnehin keinen Feier-Abend – der findet dann später statt:

☙ An der Endstation wünschte ich der Schaffnerin ein frohes Fest. Sie bedankte sich und strahlte: „Ich feiere den Vierundzwanzigsten am Fünfundzwanzigsten!" *(Herbert Götz, Reportage von Vierundzwanzigsten)*

„Herbei, o ihr Gläubigen ..."

Der Kirchgang am Heiligen Abend

> Um fünf Uhr kommen die Kinder heim, die mittlerweile zehn-, zwölf, fünfzehn- und siebzehnjährigen Kinder. Die Droschke, die man sich ausnahmsweise genehmigt hat, hält vor der Tür, man steigt ein und fährt zur Kirche, wo Pastor Kregel auf der Kanzel steht und von Auflösungserscheinungen spricht, die sich das Kind in der Krippe nicht hat träumen lassen. [...] Nachdem man ausgiebig gesungen hat, all die bekannten Lieder, sehr laut und sehr schleppend, geht man unter Orgelklang hinaus, an Pastor Kregel vorbei, der jedem zunickt und diesem oder jenem sogar die Hand reicht ...
> Die Orgelmusik fällt mit dem Weihnachtslicht der Kirche hinaus auf den Schnee. Dort hinten steht ja die Droschke mit dem Kutscher vorne drauf, dem der Nasenpfropfen gefroren ist. Herrlich, man steigt ein und verstaut sich, daß sie sich nach hierhin und nach dorthin biegt, und dann geht's ab.
>
> *Walter Kempowski, Aus großer Zeit*

Für viele Menschen gehört der Besuch des Gottesdienstes zur Feier des Heiligen Abends dazu, oft auch dann, wenn sie sonst wenig Bezug zur Kirche haben. Zwar sind die Kirchen an Weihnachten längst nicht mehr so voll wie noch vor einigen Jahrzehnten, aber immer noch gut gefüllt im Vergleich zu anderen Tagen des Jahres. Der weihnachtliche Gottesdienst kann dabei den Auftakt oder den Abschluss der Feier zuhause bilden. Der gemeindliche Gottesdienst am späten Nachmittag des 24. Dezembers war, wie dargestellt, ursprünglich im evangelischen Bereich verbreitet, wurde von der Mitternacht vorgezogen. Erst seit den 1960er/1970er Jahren zogen auch die Katholiken nach, wurden auch hier Gottesdienste (sogenannte Kinderchristmetten) auf den Nachmittag bzw. frühen Abend gelegt (allerdings gab es auch schon vorher den Brauch von nachmittäglichen Krippenspielen in der Kirche).

Inzwischen werden in evangelischen Gemeinden auch vermehrt wieder nächtliche Gottesdienste gehalten, auch die katholische Christmette hat sich – wenngleich oft früher als um Mitternacht angesetzt – bewahrt.

Kirchlicher Gottesdienst als Auftakt

Insofern die häusliche Feier letztlich aus einem Gottesdienst herausgewachsen ist, erscheint es naheliegend, das Weihnachtsfest am Heiligen Abend mit einem kirchlichen Gottesdienst zu eröffnen. Dieser wurde als Auftakt für die häusliche Feier verstanden und sollte sich in die Familie hinein verlängern, wie in einem religiösen Hausbuch von 1993 gesagt wird: „Das eigentliche Geburtstagsfest Jesu beginnt mit dem Besuch der Kinderchristmette oder des Krippenspiels in Ihrer Kirchengemeinde. Nachdem alle Kerzen am Christbaum und auf den Tischen entzündet sind, wird die Feier zu Hause fortgesetzt."

Andererseits kann es sein, dass man die gottesdienstlichen Elemente der familiären Feier wie Verlesung des Weihnachtsevangeliums, das Sprechen von Gebeten und Singen von Liedern unterlässt, weil dies ja schon alles in der Kirche geschehen ist. So wurde auf die Fragen nach diesen Elementen auch sehr häufig geantwortet: „in der Kirche".

⊟ Eine extra häusliche Feier gibt es aufgrund von Krippenfeier und Christmette in der Kirche nicht.

Bei den weihnachtlichen Gottesdiensten sind die meisten Kirchen noch immer so voll wie sonst das ganze Jahr nicht. Und je früher die Gottesdienste stattfinden, desto zahlreicher werden sie besucht. Kinderkrippenfeiern oder Kinderchristmetten werden nicht nur von jungen Familien besucht, sondern auch von denjenigen, die diesen Gottesdienst als Auftakt für ihre häusliche, am Spätnachmittag oder Abend beginnende Feier sehen.

☞ Nachmittags um 16.30 Uhr gehts zur Krippenfeier, um sich auf Weihnachten einzustimmen.

Gottesdienst als Abschluss

Lange Zeit war der weihnachtliche Gottesdienst in der Nacht, die Christmette, in der katholischen Kirche der Abschluss des Heiligen Abends, da er nicht vor Mitternacht gefeiert werden konnte. Vielerorts fand er ohnehin erst am nächsten Morgen in aller Frühe statt. Insofern war die häusliche Feier des Heiligen Abends der Auftakt zur kirchlichen Feier und nicht umgekehrt, wie es heute häufig der Fall ist.

Nach den Antworten auf die Umfrage ist die Mitfeier des nächtlichen Gottesdienstes durchaus noch bei vielen ein Teil der Heiligabendfeier. Aber anders als der nachmittägliche oder abendliche Gottesdienst bereitet der nächtliche auch Probleme – freilich anderer Art als früher (vgl. S. 24 f.): Er findet – subjektiv empfunden – zu spät statt, man ist von der Feier schon müde. Auch gehen nicht immer alle aus der Familie mit. Mancherorts gibt es mehrere Termine, dann franst womöglich der Abend aus, weil manche zu dieser, manche zu jener Feier gehen (wollen).

Für viele Menschen spielt freilich das Kirchliche an diesem Tag keine Rolle, auch wenn der Heilige Abend gefeiert wird. Das Religiöse erscheint manchem nur noch als „Dekor" der „eigentlichen" Feier in der Familie:

☞ Das kirchliche Drumherum ist uns nicht so wichtig, aber wir glauben an Werte dennoch und versuchen auch Nächstenliebe etc. tatsächlich zu praktizieren und nicht nur davon zu reden.

III.
Das inszenierte Fest

„Unsre guten Eltern sorgen lange schon dafür ..."
Das Fest für die Kinder

> Weihnachten ist immer wunderschön. Vor allen Dingen dürfen die Kinder natürlich nie wissen, daß ein Tannenbaum gekauft wird, das macht der Vater heimlich. Sie werden weggeschickt, wenn der Baum gebracht wird.
>
> *Walter Kempowski, Aus großer Zeit*

Die Volkskundlerin Ingeborg Weber-Kellermann, die sich wiederholt und vertieft mit den Bräuchen und Ritualen des Weihnachtsfestes und des Heiligen Abends beschäftigt hat, hat auf die interessanten kommunikativen Zusammenhänge des Heiligabend-Rituals hingewiesen. Sie stellt fest: „Im innerfamiliären Bereich, der zwei, höchstens drei Generationen umfasst, stehen sich zwei Gruppen gegenüber: Eltern und Kinder." Man könnte auch gegenüberstellen: innen und außen, eingeweiht und nicht eingeweiht, oben und unten oder, im Bild der Kommunikation, Sender und Empfänger. „Die Eltern befinden sich am Heiligabend vor der Bescherung im Weihnachtszimmer – der fertig geschmückte Baum ist ihnen bekannt –, sie wollen die Kinder überraschen, ihnen Freude bereiten und erwarten dafür die Erfüllung bestimmter Forderungen und Verhaltensgebote, zum Beispiel Artig-Sein, Weihnachtslieder-Singen, Gedicht-Aufsagen, Dankbar-Sein, Sich-der-Weihnachtsstimmung-Anpassen; der Vater übernimmt mit dem Anzünden der Kerzen die führende Rolle.

Die Kinder befinden sich außerhalb des Weihnachtsraumes, sie sind nicht in Kenntnis des fertig geschmückten Baumes (zumindest die kleineren), sie erwarten den hellen Baum als Überraschung, wollen Freude erfahren und sind sich der damit verbundenen Gebote bewusst; sie haben sich dafür in langen Wochen präpariert und wollen von den Eltern an diesem Abend geführt werden."

Die geschlossene Tür spielt also eine wichtige Rolle in diesem Schema von innen und außen. Das Glöckchen wird zum Signal, das diese Trennung beendet, das Entzünden der Kerze wird zum Symbol für den Beginn des eigentlichen Heiligabend-Rituals. In diesem innerfamiliären Kommunikationsprozess werden jedoch irgendwann einmal die Rollen weitergegeben: So wie die Eltern in ihrer Kinderzeit einmal „Empfänger" waren, so werden aus den Kindern einmal Eltern und damit „Sender" in der Gestaltung des Heiligabends für ihre Kinder. Die Eltern hatten ihrerseits schon viele Bräuche übernommen, die sie als Kinder in der Heiligabend-Inszenierung erlebt haben. Und auch ihre Kinder werden viele dieser Traditionen weitervererben, weil sie diese jetzt so erleben.

Die Rolle der Eltern

Natürlich sind es die Eltern, die zunächst den Heiligabend-Ablauf vorgeben und die Feier füllen. Das ist in ihrer Erfahrung grundgelegt. Aber es hat auch bei speziellen Elementen mit ihrer ursprünglichen Aufgabe in der religiösen Gestaltung des Abends zu tun. Die besondere Rolle des Vaters, wie sie noch lange gegeben war (der Vater liest das Evangelium, zündet die Kerzen an, öffnet die Tür), ergab sich zu der Zeit, als dieser familiäre Ritus aufkam, aus der religiösen Rolle des Vaters in der Familie, der für das geistliche Wohl seiner ihm Anvertrauten Sorge zu tragen hat. Das bleibt, mit verändertem Hintergrund, oft auch dann noch in der Familie, wenn das Religiöse in den Hintergrund tritt. „Die Brauchhandlung ‚Der Vater zündet die Kerzen am Weihnachtsbaum an' bedeutet für die Bürgerfamilie konkret die ‚Überraschung der Kinder' und inhaltlich die ‚patriarchal geordnete, familiare, von der Außenwelt abgeschirmte Weihnachtsfeier'."

Insgesamt hat(te) der Vater die Leitung dieser Inszenierung, bei der ihm die Mutter durch entsprechende Bereitung des Raumes, des Essens und der Geschenke zur Hand zu gehen hat(te). Sie hat(te) möglicherweise auch eine stärkere Rolle im religiösen Teil des Abends.

Die Rolle der Kinder

Der geregelte Ablauf des Heiligen Abends ist nach Weber-Kellermann eine Art Institution mit geheiligten, kultivierten und tabuisierten Verhaltensnormen im Dienste eines patriarchalischen Familienideals: „In strenger Ordnung folgten einander die Programmpunkte: Nach dem Kirchgang entzündet der Vater die Weihnachtskerzen; ein Glöckchen erklingt, und die Kinder betreten das Weihnachtszimmer, wo sie erfreut und überrascht werden sollen; Weihnachtwünsche und Familienküsse beschwören den Familienfrieden; Hausmusik, Weihnachtspotpourris und Weihnachtsgedichte müssen zuweilen noch vor dem Empfang der Geschenke vorgetragen werden. Und dann kommen die Gaben ..."

Die „Leistung" der Eltern, ihre Kinder zu überraschen und zu erfreuen, verlangt nach einem entsprechenden Verhalten, einer Gegenleistung der Kinder, was sich vor allem in der Dankbarkeit ausdrückt, die wesentlich zur Aufrechterhaltung des Familienfriedens dient. Im Weihnachtslied „Morgen, Kinder, wird's was geben" heißt es zum Abschluss der 4. Strophe: „... unsre lieben Eltern sorgen / lange, lange schon dafür. / O gewiss, wer sie nicht ehrt, / ist der ganzen Lust nicht wert."

Die Dankbarkeit der Kinder äußert sich in konkreten Formen, zum Beispiel in der gebührenden Aufmerksamkeit, mit der man sich erst dem Baum zuzuwenden hat, ehe es an die Geschenke geht. Eine andere Form von Leistung sind musikalische Stücke, die zum Besten gegeben werden (müssen); hier lässt sich auch trefflich feststellen, was der Sohn, die Tochter in den vergangenen Monaten des Jahres am Klavier oder mit der Flöte für Fortschritte gemacht hat ...

In diesem Zusammenhang dienen auch die Gedichte der Kinder, von denen bis heute immer wieder zu lesen ist, nicht nur dem

Ausdruck der Feier (ursprünglich Gebete und Verheißungssprüche); sie sind vielmehr auch eine Leistung, die es zu erbringen gilt, um sich die anschließenden Geschenke auch zu verdienen. Das wird auch deutlich aus rückblickenden Beschreibungen, in denen die „Prüfungssituation" des Gedicht-Aufsagens geschildert wird:

▣ Dann waren da in der Kinderzeit noch die kleinen Verse und Gedichte, die man lernen musste. Die soviel Mühe und Anstrengungen kosteten, mit Herzklopfen aufgesagt wurden, weil man sich nie ganz sicher fühlte.

▣ ... dann (wird) ein Gedicht gelesen (früher musste jedes der fünf Kinder eins auswendig sagen – das war ein Lernstress vorher ...)

▣ Als Kind musste ich immer ein Gedicht aufsagen, daran habe ich so schreckliche Erinnerungen, dass ich dieses Ritual meinen Kindern ersparen will.

Auch die Lieder können aus ihrer ursprünglichen Funktion des Fest-Ausdruckes herabrutschen zur reinen Pflichtübung und Leistung, die der anschließenden Belohnung durch die Geschenke vorausgeht und nicht nur von den Kindern, sondern von allen Mitfeiernden vollbracht werden muss.

▣ Bevor die Geschenke ausgepackt werden dürfen, muss jeder (einzeln oder in Gruppen) etwas vortragen. Dabei ist es egal, ob es ein Gedicht, Lied oder eine Geschichte ist.

▣ Bevor ich nicht geläutet habe, darf keiner ins Zimmer, und jeder, auch die Erwachsenen, müssen ein Lied singen oder ein Gedicht aufsagen.

Zur „Leistung" der Kinder gehört es auch, den Eltern die gebührende Freude für die Geschenke zu zeigen. Unübertroffen hat *Erich Kästner* in seinem Buch *Als ich ein kleiner Junge war* diese erwartete Freude beschrieben und in ihrer Bedeutung für die Inszenierung des Heiligen Abends dargelegt:

🐚 Die Zimmertür stand offen. Der Christbaum strahlte. Vater und Mutter hatten sich links und rechts vom Tisch postiert, jeder neben seinen Gaben, als sei das Zimmer samt dem Fest halbiert. [...] Zögernd ging ich auf den herrlichen Tisch zu, auf den halbierten Tisch, und mit jedem Schritt wuchsen meine Verantwortung, meine Angst und der Wille, die nächste Viertelstunde zu retten. [...] Doch ich musste meine Rolle spielen, damit das Weihnachtsstück gut ausgehe. Ich war ein Diplomat, erwachsener als meine Eltern, und hatte dafür Sorge zu tragen, dass unsre feierliche Dreierkonferenz unterm Christbaum ohne Missklang verlief. Ich war schon mit fünf und sechs Jahren und später erst recht der Zeremonienmeister des Heiligen Abends und entledigte mich der schweren Aufgabe mit großem Geschick. Und mit zitterndem Herzen. Ich stand am Tisch und freute mich im Pendelverkehr. Ich freute mich rechts, zur Freude meiner Mutter. Ich freute mich an der linken Tischhälfte über den Pferdestall im allgemeinen [...] Und noch einmal rechts, und noch einmal links, und nirgends zu lange und nirgends zu flüchtig. Ich freute mich ehrlich und musste meine Freude zerlegen und zerlügen.

Das dankbare liebevolle Verhalten beschränkt sich nicht auf den Abend; das geht hervor aus dem halb spaßhaft, halb ernst gemeinten Seufzer der Mütter, wenn sie nach einem Weihnachtswunsch gefragt werden: „Liebe Kinder".

❦ Und Mutter, was hatte die gekriegt? „Ich wünsch' mir eure Liebe", hatte sie wieder einmal gesagt. Und: „Vati kann nicht schenken, noch nie hat er mir was geschenkt, noch nicht ein einziges Mal." Sie habe ja alles, sage er dann. *(Walter Kempowski, Tadellöser & Wolff)*

Wie sehr das Heiligabend-Ritual zur Inszenierung für die Kinder geraten kann, geht ebenfalls aus der Erinnerung Erich Kästners deutlich hervor: Über das Beschenken des Kindes vergaßen die Eltern häufig, sich ihre gegenseitigen Geschenke zu überreichen. Manchmal geschah das erst nach dem Essen, denn es war ja nicht so wichtig ... Wahrscheinlich wird bis heute in manchen Familien das Schema des Heiligabends nur der Kinder wegen aufrecht erhalten; es entfällt, wenn diese aus dem Haus sind, bzw. wird wieder hervorgeholt wie eine alte Puppe, sobald die Enkelkinder kommen.

▤ Es wird gesungen, wenn meine kleine Patentochter (7 Jahre) dabei ist – wir Erwachsenen machen es nicht.

❦ Dann gelang es uns, so schön wie jedes Jahr, für unser Kind den Heiligen Abend zu feiern. *(Jochen Klepper, Tagebuch 24. Dezember 1941)*

Probleme mit der Rollenverteilung

Diese Rollenverteilung hat sich aber seit geraumer Zeit vielerorts aufgelöst. Vor allem in den 70er Jahren des 20. Jahrhunderts wurde der Heiligabend in seiner Gestaltung – nicht nur hinsichtlich des „Geschenkerummels" – hinterfragt, die Diskrepanz zwischen der biblischen Botschaft von Weihnachten und ihrer Umsetzung in vielen weihnachtlichen Feiern wurde offenkundig. Es wurde gefordert, die Bräuche daraufhin abzuklopfen, was an ihnen „übertünchtes Grab" ist, und was noch lebendige Kraft in sich hat.

Eine bloße Fortführung überkommener Rituale stellten manche Autoren in Frage; unaufrichtig und damit auch frustrierend sei es für manch junges Paar, wenn es nur die Familienbräuche der Eltern kopiert. Die überkommene Art der Feier des Heiligabends wurde vielfach in Frage gestellt, es entstanden Gegentexte und Elemente für ein Anti-Weihnachten.

Natürlich aber gab es auch ein „Ja zum Feiern" – allerdings in neuer Art; vor allem die Kinder und Jugendlichen sollen stärker als gleichwertige Mitfeiernde angesehen werden und nicht nur als Objekt der elterlichen Inszenierung. Das entspricht einer Öffnung gegenüber den Kindern und Jugendlichen in unserer Gesellschaft, auch in der Kirche.

Heiligabend geht alle gemeinsam an – und so fragte Anselm Grün: Stimmen die Rituale noch, mit denen Sie Weihnachten feiern?, und gab den Rat: „Zur Vorbereitung von Weihnachten gehört nicht nur, dass man Geschenke einkauft, sondern sich auch gemeinsam überlegt, wie man den Heiligen Abend begehen möchte ..., dass alle Familienmitglieder etwas davon haben." Und das fängt schon vor dem Heiligen Abend selbst an – etwa mit dem gemeinsamen Schmücken eines Christbaums, der dann nicht mehr als Überraschung den Kindern präsentiert werden kann.

⊟ Der Baum wird von den Eltern am Vorabend geschmückt, entgegen Traditionen in anderen Familien dürfen die Kinder ihn aber am Morgen schon sehen.

▤ Der Baum wird nach dem Mittagessen von Eltern und Kindern geschmückt.

Heiligabend-Stress

Das Allensbacher Institut für Demoskopie hat in den vergangenen Jahren wiederholt auch nach dem Erleben des Weihnachtsfestes gefragt. Auf die Frage: „Was bedeutet für Sie das Weihnachtsfest – was würden Sie hier vor allem nennen?" (2003), antworteten immerhin 30 % der Befragten: Stress. In einer Umfrage desselben Instituts 2006 gaben 35 % der Befragten an, dass die Vorweihnachtszeit für sie Stress bedeute.

Abgesehen vom Einkaufen und Vorbereiten: Vielleicht entsteht der vielfach erlebte und beklagte „Weihnachts-Stress" an diesem Tag auch zu einem nicht geringen Teil aus der Spannung, die sich aus gegenseitigen Erwartungen und Ansprüchen in diesem Kommunikationsmodell ergeben: Es werden Verhaltensmuster weiter gepflegt, obgleich sich die Situationen im Laufe der Jahre grundlegend ändern: Kinder schlüpfen aus der Rolle, die ihnen von den Eltern oft ein für allemal zugedacht wurde.

▤ Für mich als Hausfrau eher etwas stressig; Versuch, Erwartungsdruck abzubauen, divergierende Interessen unter einen Hut zu bringen.

Der Familienfrieden, zu dem die Kinder mit ihrem dankbaren Wohlverhalten beitragen, kann eben durch entsprechendes „Fehlverhalten" empfindlich gestört werden. Auch in vielen sogenannten Weihnachtsfilmen ist dies ein immer wiederkehrender Plot: Die unterschiedlichen Familienmitglieder und Charaktere tragen zu Stress, Chaos und Krach bei, gut gehütete Familiengeheimnisse kommen ans Tageslicht und lassen den traulichen Abend gleichsam explodieren.

Irene Dänzer-Vanotti nennt in diesem Zusammenhang das Coming-out Homosexueller, die sich an diesem Tag familiärer Gemeinschaft mit ihrem Zwang zur Normalität schwer tun. „Da aber die Familie nun einmal an diesem Abend in einer Vollzähligkeit versammelt ist wie sonst nie während des Jahres, eignet sich die kleine Gesprächspause zwischen Karpfen und Vanillecreme gut für das Coming-out. Viele Homosexuelle berichten, sie hätten an Weihnachten ihre Familie mit ihrer sexuellen Neigung bekannt gemacht – und damit das Fest oft gesprengt."

Eine Art Coming-out im wahrsten Sinne des Wortes ist auch das erste Weihnachtsfest, das die Kinder bewusst nicht bei und mit den Eltern verbringen, sondern für das sie – sei es allein oder mit anderen zusammen – eine eigene Tradition suchen und aufbauen. Nicht selten ist dieser erste Heiligabend ohne die Eltern von gewissen Schuldgefühlen oder einem schlechten Gewissen begleitet, mit vorprogrammiertem Streit im Anschluss an die Weihnachtstage verbunden, wenn es wieder zurück in den Schoß der Familie geht. Doch dieses „Coming-out" ist wichtig, wie auch Dänzer-Vanotti befindet: „Auf dem Weg ins Erwachsenenleben – dessen Beginn in unserer Gesellschaft kaum mehr an ein bestimmtes Alter geknüpft ist – kann es gerade wichtig sein, die eigene Weihnachtstradition zu finden."

Ein schlechtes Gewissen hinterlässt nicht selten auch die Frage nach dem Familienbesuch: Soll man mit den Kindern und dem Ehepartner an Weihnachten – oder zumindest am 2. Weihnachtsfeiertag – nach Hause zu eigenen Eltern oder denen des Partners fahren? „Da ist dieses unbestimmte Gefühl, man sollte die Eltern nicht alleine unter dem Christbaum sitzen lassen; da ist eine gewisse Verpflichtung, auch Dankbarkeit für die Möglichkeit des Rückzugs an den heimischen Herd. Auch das Alter der Eltern mag man bedenken und damit verbunden die Furcht, nicht mehr allzu viele Weihnachtsfeste mit ihnen zu verleben."

Dänzer-Vanotti rät zu einem entsprechenden „familiären Krisenmanagement", d. h. einer rechtzeitigen Klärung, eines Gesprächs über Erwartungen, Bedürfnisse, Befindlichkeiten. Das trägt zur Erhaltung des Weihnachtsfriedens und des eigenen Friedens erheblich bei.

Eine Lösung dieses potentiellen Konflikts besteht auch darin, dass man sich dem Ritual als solchem gar nicht erst unterwirft, es als das belässt, was es sein will: eine Hilfe zur Gestaltung zur Feier, aber kein Zwang.

▣ Wir halten es immer komplett ungezwungen und entspannt. Es ist jedes Jahr was Neues.

▣ Heiligabend war nie ein Hochamt bei uns in der Familie, aber seit ich und mein Vater ausgezogen sind, ist das noch entspannter als davor. Wir feiern eben wie es uns gerade passt. Hauptsache alle sind glücklich.

▣ Rituale gibt es: Kirche, gemeinsames Essen, Bescherung mit Baum. Die Zeiten und Reihenfolge ändern sich mit den Jahren, da die Messen sich ändern, die Kinder größer werden, die Omas/Opas älter werden ... da wird der Ablauf jeweils angepasst.

▣ Ein bisschen [hat sich das Ritual verändert, seit die Kinder aus dem Haus sind], die Kinder kommen alle nachmittags und gehen dann zu den anderen Familien, und das ist gut so.

Oft aber ändern sich auch Rituale nicht, weil die Kinder Gefallen daran haben – selbst wenn sie erwachsen geworden sind. Aus manchen Beschreibungen lässt sich ablesen, wie lange teilweise die Rollenverteilung innerhalb der Familie so verbleibt.

▣ Ein Weihnachtszimmer gibt es bei der Oma. Mit betttuchverhangener Tür! Auch wenn die Enkel bald 30 Jahre sind.

▣ Leider müssen wir, 57 und 50, immer noch für die Oma flöten.

▣ Mein ältester Sohn hat viel Freude an der Tradition seiner eigenen Kindheit. Verschlossenes Weihnachtszimmer, vorheriger Spaziergang, Abendessen vor der Bescherung, Glöckchen klingelt, um uns mitzuteilen, dass der Weihnachtsmann da war.

Dieses Festhalten an den Bräuchen der Kindheit ist gerade an Weihnachten zu beobachten – die erwachsenen Kinder würden es strikt ablehnen, auch zu anderen Gelegenheiten als Kinder behandelt zu werden. Das führt noch zu einer anderen interessanten Beobachtung.

„Wie's einstens war ..."

Erhaltung alter Rituale an besonderen Tagen

> Mutter las immer mal wieder die Lukas-Stelle. Und ich
> spielte die alten Weihnachtslieder. „Wie früher Vati,
> mein Jung."
> Christ, der Retter, ist da.
> Mit Vor- und Nachspiel.
>
> *Walter Kempowski, Uns geht's ja noch gold*

Das Schema, das Ingeborg Weber-Kellermann im Heilig-abendgeschehen erkannt hat, die Rollen der Eltern und Kinder, vor allem die spätere Übernahme der Elternrolle durch die Kinder, erschließt noch eine weiteren interessanten Zusammenhang: Auf diese Weise beinhaltet der Heiligabend in vielen Familien nämlich sehr alte Traditionen, die teilweise durch die familiäre Lebenswelt einerseits bzw. durch den Festinhalt andererseits gar nicht mehr gedeckt sind. Zu diesen Traditionen gehört vor allem die Feier des Heiligabends „wie wir es früher gemacht haben". Es geht dabei nicht darum, so zu feiern wie vergangenes Jahr oder vor zwei Jahren, sondern wie „früher", das meint: wie in der Kindheit.

Wie in der Kindheit

So fällt bei vielen Antworten auf die Unfrage zur Heiligabendfeier auf, dass Elemente und Formen noch aus der eigenen Kindheit stammen und auch bewusst gepflegt werden. Manchmal deuten sie auch noch auf ältere Traditionen, was darauf schließen lässt, dass schon die Elterngeneration den Abend gestaltete, wie sie es in ihrer Kindheit gewohnt war.

🖃 Kartoffelsuppe zum Mittagessen, Spielen, Bescherung, mit den Geschenken spielen, Kartoffelsalat und Würstchen zum Abendessen, „Drei Haselnüsse für Aschenbrödel" auf DVD – wie schon in meiner Kindheit.

🖃 Einkaufen dort, wo ich als Jugendlicher zu Hause war, auch wenn die Fahrt weit ist.

🖃 [Zu Essen gibt es] irgendetwas, dass an die Weihnacht in der Kindheit erinnert (Karpfen, Ente, Gans, eingelegte Heringe, Kartoffelsalat ...)

🖃 Die Kinder sind fast erwachsen und noch im Haus. Würde sich an den Ritualen irgendetwas ändern, bloß weil sie nicht mehr klein sind, würde hier die Hölle losbrechen.

🍂 Liane wusste keinen Grund, um Weihnachten herbeizusehnen. Es würde sein wie alle Jahre. Bis Mittag arbeitete sie im Büro, am Nachmittag ging sie in die Christvesper, dann aß sie Abendbrot, jedes Jahr Sauerkraut und Bratwurst, obwohl sie das gar nicht so sehr mochte. Aber das war das einzige, was sie an frühere Weihnachten noch erinnerte. Dann zündete sie ein paar Kerzen an, las ein wenig – und Weihnachten war wieder einmal zu Ende. Da änderte auch die Christvesper nichts daran, die sie aus dem gleichen Grunde besuchte, wie sie Bratwurst und Sauerkraut aß; Erinnerung, übriggeblieben aus der Kindheit. *(Margot Langner, Weihnachten hat kein Ende)*

Wie alt die Traditionen in den Familien teilweise sind, wird aus einigen Antworten der Umfrage deutlich. Ebenso ist zu erkennen, dass diese Traditionen innerhalb der Familie „weitervererbt" werden.

🍂 Als meine Eltern ihr erstes Weihnachten zusammen feierten, schenkte unser Vater Mama eine Weihnachtskrippe, die uns acht Kindern über mehr als fünfzig Jahre der Mittelpunkt des elterlichen Weihnachtszimmers blieb und die heute noch die Urenkel erfreut. *(Sabine Leibholz-Bonhoeffer)*

🖃 Wir feiern so, wie meine Eltern auch immer mit uns gefeiert haben.

🖃 Traditionell wird bei uns am hl. Abend der Weihnachtsbaum am Vormittag aufgestellt und von der ganzen Familie geschmückt. [...] Das Schmücken des Weihnachtsbaumes am hl. Abend wurde bei meiner Großelterngeneration eingeführt.

⊟ Wir schmücken an Heiligabend gemeinsam den Baum, dann gehen wir in die Kirche, essen zu Abend und danach geht mein Vater „auf die Toilette". Aus dem Wohnzimmer hört man Glockenläuten, das Zeichen des Christkinds. Dann spielen wir Lieder auf unseren Instrumenten und es gibt Geschenke. Und trotz reichlichen Essens einen riesigen Teller Kekse. Das ganze ist seit 20 Jahren so.

⚘ Wie daheim einst in der großen Stube des alten Familienhauses, so dufteten auch hier in dem kleinen Stübchen die braunen Weihnachtskuchen nach dem Rezept der Urgroßmutter. *(Theodor Storm, Unter dem Tannenbaum)*

Die Erhaltung alter Bräuche an besondern Tagen

Die Beobachtung Weber-Kellermanns deckt sich mit einer Gesetzmäßigkeit, die es auch bei den kirchlichen Gottesdiensten gibt: An besonderen Tagen, wie etwa Karfreitag oder Gründonnerstag, pflegen sich ganz alte liturgische Überlieferungen zu erhalten. Die Besonderheit der Liturgie dieser Tage beruht also nicht so sehr auf dem Inhalt der Festfeiern, vielmehr drücken sich hier ganz alte, sonst nicht mehr bewahrte liturgische Praktiken aus. So hat es Anfang des 20. Jahrhunderts der Theologe Anton Baumstark festgestellt, vom „Baumstarkschen Gesetz" spricht man in diesem Zusammenhang.

Dieses Phänomen gibt es auch außerhalb der Kirche; im Bereich des Essens und Trinkens trifft dies ebenfalls zu, wie der Volkskundler Richard Wolfram – ähnlich wie Baumstark – formuliert hat: „Bei brauchtümlich besonders wichtigen Mahlzeiten pflegen sich Gerichte aus dem ganz alten Speisezettel zu erhalten." Gerade an Heiligabend lässt sich diese Beobachtung am Essen gut verdeutlichen; denn das Festhalten am „einfachen Essen" bzw. auch an Fischgerichten unterschiedlichster Art steht ja in einem Widerspruch zur inzwischen üblichen Festlichkeit dieses einstmaligen Fast- und Abstinenztages.

📧 So eine kleine gemeinsame Weihnachtsfeier stellt eine gewisse Tradition dar. Das gab es auch schon in meiner Familie, in der ich Kind war. Lediglich die Inhalte der Weihnachtsfeier haben sich im Laufe der Zeit mit dem Älterwerden der Kinder verändert. Der äußere Rahmen ist jedoch geblieben.

Manchmal hält man auch am Ritual gegen Widerstände oder äußere Schwierigkeiten fest:

📧 Ein Brauch für mich ist es, in die [um] 16 Uhr (für Kinder gemachte) Kirche zu gehen, aber nur ich alleine, da der Rest meiner Familie zu gestresst dafür ist. Dort sind wir bzw. ich seit klein auf hingegangen und das möchte ich beibehalten!

📧 Wir feiern das seit Jahrzehnten so, auch mit der jetzt ganz neuen Generation. Kritisch waren die Trauerjahre. Da gab es Erwägungen, alles zu ändern, dem auszuweichen. Aber wir haben es dennoch durchgezogen – Gott sei Dank!

📧 Ich finde Traditionen und feierliche Momente wichtig, besonders für Kinder.

📧 Wir halten uns an Rituale. Es wird z. B. vor der Wohnzimmertüre gesungen, dann klingelt das Christkind und zuerst stürmen dann die Kleinen ins Wohnzimmer.

Vor allem pflegt man gern an heimatlichen Bräuchen festzuhalten, wenn man sich anderswo angesiedelt hat, und sich so ein Stück Heimat im Herzen zu bewahren:

📧 Wir halten uns an die überlieferten Bräuche aus unserer oberschlesischen Heimat, die ich auch unseren Kinder vermittele.

Und diese Vermittlung des Früheren läuft nicht nur über die Rituale sondern auch, wie gesehen, über den Geschmack. – Das Festhalten an alten Formen kann auch Selbstzweck und somit zu einem eigenen (mitunter skurrilen) Ritual werden:

📧 Früher musste immer jemand das Lied: „Es wird scho glei dumpa ..." vorschlagen, das niemand kannte bzw. niemand je sang. Mein Vater musste besorgt auf die Unterseite des Regals blicken, unter dem die Krippe mit den Kerzen stand, und besorgt sagen: „Ob das gutgeht?"

Gelegentlich wird aber bewusst die Tradition durchbrochen, nicht selten müssen auch Kompromisse zwischen verschiedenen Traditionen des Elternpaares gefunden werden.

☞ Bräuche, Rituale und Gewohnheiten spielen eine große Rolle. Dennoch bringt der jeweilige Partner eigene Bräuche etc. mit. Daraus haben wir dann unseren ganz „eigenen Heiligen Abend", der beiden Partnern mit den Erinnerungen an die Kindheit und der jeweiligen Familie gerecht wird.

Heiligabend und die Sehnsucht nach dem Gefühl, geliebt zu sein

Die Bewahrung solch alter Feier-Schemata hängt auch damit zusammen, dass sich die meisten Menschen nach dem Weihnachten ihrer Kindheit sehnen. Sie standen im Mittelpunkt der Feier, waren wichtig, ja, das Fest drehte sich eigentlich um sie. Ihre Wünsche wurden zumindest gehört oder auf dem Wunschzettel entgegengenommen, und auf die Erfüllung durfte man sich freuen. „Dieses Gefühl, geliebt zu werden, verstanden und geborgen zu sein, sucht jeder Mensch im weiteren Leben immer wieder. Weihnachten kann daran erinnern, dass man dieses Gefühl tatsächlich erleben kann, wenn wenigstens ein Fest der Kindheit eine Ahnung davon geben kann" (Dänzer-Vanotti). – „In jener Christnacht hat das Leben mich noch geliebt", schreibt die Autorin *Margit Kastiany* im Rückblick auf verschiedene Weihnachtsabende ihres Lebens.

Dieses Gefühl aber deckt sich durchaus mit der christlichen Botschaft des Weihnachtsfestes: „Seht, wie groß die Liebe ist, die der Vater uns geschenkt hat: Wir heißen Kinder Gottes und wir sind es" (2 Joh 3,1). „Die Gesten des privaten Lebens entsprechen der übergeordneten religiösen Bedeutung. Wer diese Bedeutung nicht mehr ausdrücklich für wichtig hält, bekommt in den Ritualen dennoch unbewusst eine Ahnung davon" (Dänzer-Vanotti).

🍃 Die Weihnachtsstube, die ganze Welt wohl ist gesättigt mit Güte, mit dem Weihrauch der glimmenden Tannennadeln, dem Duft von Äpfeln und Lebkuchen. Kein Kargen, kein Verbot. „Nehmt und freut euch!" sagt das Leben zu uns. *(Richard Wolf, Christabend)*

Weihnachten als das „Fest der Kindheit". Das ist nichts Heutiges und Neues; schon Anfang des 19. Jahrhunderts, so schreibt Edgar S. Hasse mit Blick auf *Friedrich Schleiermachers* Erzählung „Die Weihnachtsfeier", ging man nicht mehr in die Kirche. „Stattdessen feierte die Familie sich selbst mit einem Schenkritual, in dessen Zentrum die Sehnsucht nach der Kindheit stand." Schleiermachers Novelle spiegele den damaligen Exodus des Christfestes aus dem Raum der Kirche ins private, heimelige Weihnachtszimmer der bürgerlichen Familie. „Bis heute feiert die Familie an Weihnachten sich selbst mit einem inszenierten Gabentausch, in dessen Zentrum als Empfänger das Kind und die regressive Sehnsucht nach dem Kindsein stehen." Ja, vielleicht machen für viele die Beschwörung des „Früher" und die Wiederkehr der Kindheit die eigentliche religiöse Epiphanie aus, wie es der Literaturwissenschaftler Heinrich Detering dem Schriftsteller Theodor Storm attestiert, der sich als Erwachsener zu den Weihnachten seiner Kindheit zurücksehnte und dies in seinen Erzählungen auch zum Ausdruck bringt. Letztlich geht es um die Rituale, nicht so sehr um den spezifischen Inhalt des Weihnachtsfestes als Feier der Geburt Jesu Christi. Man kann gewissermaßen an das Christkind glauben, ohne wirklich christlich-religiös zu sein.

Die Verengung aufbrechen

Die Situation und das Aussehen der Familie haben sich in den letzten Jahrzehnten sehr stark verändert. Die meisten Familien sind Klein(st)familien: Eltern und ein bis zwei Kinder. Häufig sind Großeltern außerhalb des Hauses, so dass die Familie im engeren Sinne weitgehend auf sich beschränkt bleibt. Einzelkinder rücken in dieser Situation unter Umständen noch mehr in den Mittelpunkt, andererseits erleben sie keine Fortschreibung der Bräuche bei anderen Geschwistern, manche Feste bleiben „einmalige" Ereignisse. Das alles kann dazu führen, dass sich Familien – vor allem an Weihnachten – stark auf sich selbst zurückziehen.

Mit diesem Rückzug auf sich selbst kann zwar eine schöne Feier stattfinden mit gutem Essen, reichlichen Geschenken, aber der eigentliche Fest- und Feiergedanke geht dabei verloren, denn er ist auf Gemeinschaft angelegt. Das kann aber aber auch bedeuten, dass im Alleinsein Weihnachten seinen Sinn verliert und der Heiligabend nicht mehr gefeiert wird.

☞ Heiligabend ist für meinen Mann und mich einfach ein freier Tag, seit viele Familienangehörige verstorben sind.

So ist die Öffnung auf die größeren Zusammenhänge und Gemeinschaften hin gut. Und manchmal finden sich auch ganz neue Gemeinschaften, mit denen zusammen sich feiern lässt; das knüpft im Grunde an ganz alte Feierformen des Weihnachtsfestes an, als es noch nicht zum „Fest der Familie" verengt wurde.

☞ Während der heilige Abend der Kernfamilie vorbehalten ist, manchmal mit einem Großelternpaar, kommt am 1. Feiertag die größere Familie mit Großeltern, Tante, Onkel und Cousinen/Cousins zusammen. Das eigentliche Weihnachtsessen gibt es mittags am 1. Feiertag (Gänsebraten).

☞ Da ich geschieden bin und erwachsene Kinder habe, hab ich ein neues Heilig-Abend-Ritual eingeführt. „Weihnachtsabend der unvollständigen Familien". Es kommen meine Kinder (+ ggf. Anhang), ein älteres Ehepaar ohne Kinder (ist ja auch sozusagen unvollständig), eine alleinstehend Mutter mit erwachsener Tochter, eine Freundin mit neuem älteren Freund, meine lesbische Schwägerin und dann immer, wer noch so gerade passt. Dieses Jahr waren auch zwei junge Flüchtlinge aus Afghanistan dabei.

„Weihnachten für den Hausgebrauch"

Domestizierung eines Festes

Weihnachten bedeutet: Gott wird Mensch, der „Schöpfer aller Ding" wird geboren, der von Ewigkeit her Seiende wird ein kleines Kind; die Menschen erhalten durch seine Menschwerdung Anteil an der Würde Gottes. Die Feier dieser eigentlich nur im Paradox auszudrückenden Fest-Idee ausgerechnet am 25. Dezember beruht auch auf der Bedeutung dieses Datums und seiner Beziehung zum 25. März, dem Tag der Empfängnis Christi sowie seines zeitweilig angenommenen Todestages. Auf diesen hohem symbolischen Aussagegehalt verwies Joseph Ratzinger, der spätere Papst Benedikt XVI., wenn er sagt, dass ausschlaggebend für den 25. Dezember wohl der Zusammenhang von Schöpfung und Kreuz, von Schöpfung und Empfängnis Christi, gewesen sei, wobei von diesem ursprünglich kosmischen Gehalt des Empfängnis- und Geburtsdatums her die Herausforderung des Sonnenkultes angenommen und positiv in die Theologie des Festes einbezogen werden konnte.

Doch auch als altes Datum der Wintersonnwende hat der 25. Dezember eine große symbolische Bedeutung für die Entstehung des Weihnachtsfestes. Sie spiegelt sich bis heute in den Texten der Lieder, wenn vom ewigen Licht, das da hereingeht, gesungen wird (Gelobet seist du, Jesu Christ), von der Sonne, die Licht, Leben, Freud und Wonne bringt (Ich steh an deiner Krippe hier), vom Gottmensch Jesus Christus, der sich wie die Sonne erhebt (Komm, du Heiland aller Welt). Dieser Hintergrund ist allerdings, zugegebenermaßen, von heutigen Menschen kaum mehr wirklich erfahrbar.

Trotzdem stellt sich die Frage nach der Symbolik und des Umgangs der Kirchen mit ihren Symbolen – auch mit dem Symbol Zeit. Mit dem Vorrücken der weihnachtlichen Feier auf den Abend bzw. Nachmittag des 24. Dezembers ist ein Verlust an Sinnenfälligkeit einerseits und Glaubwürdigkeit in den Aussagen zur Feier der Geburt Christi andererseits verbunden: Die Nacht-Zeit, deren Symbolik für die Erlösung des Menschen durch die Menschwerdung Gottes in vielen Liedern und Gebeten ausgedrückt wird, ist eine Worthülse geworden. „Darüber zu klagen, dass in der Öffentlichkeit das Wissen um unsere christlichen Feste im Schwinden begriffen oder z. T. schon ganz verloren gegangen ist, ist eine Sache. Als Kirche müssen wir uns fragen, ob wir nicht selbst dazu beitragen, indem wir zu wenig auf eine stimmige Feier unserer Festzeiten und auf eine adäquate Rede darüber achten. Wie wir unseren Glauben feiern und wie wir davon reden, hat überdies Auswirkungen auf unseren Glauben selbst" (Dominik Daschner). Es stünde daher den Kirchen gut an, dass sie an ihrem alten Datum und auch der nächtlichen Zeit festhielte, wie es immer wieder auch gewünscht und gefordert wird.

Die Geschichte der Weihnachtslieder zeigt, wie immer wieder neue Aspekte des Weihnachtsgeschehens bedacht und besungen wurden. Sie zeigt auch, wie nicht nur die Geburt Jesu, sondern auch die familiäre Feier – zeitgleich zu deren Entstehen – zum Inhalt wurde. Erst in der Mitte des 20. Jahrhunderts wurde unter dem Eindruck des furchtbaren Völkermordes der Zusammenhang von Krippe und Kreuz wieder stärker betont, wie es auch ein Lied von Jochen Klepper zum Heiligen Abend ausdrückt: „Die Welt liegt heut im Freudenlicht. Dein aber harret das Gericht. Dein Elend wendet keiner ab. Vor deiner Krippe gähnt das Grab. Kyrie eleison!" Auch die 1960er und 1970er Jahre brachten neue Aspekte, insofern die Geburt Jesu nicht als Ziel unseres Feierns, sondern als Impuls für unseren Aufbruch in die Welt und zu ihrer Veränderung verstanden wurde: „Geht zu den Ställen heute Nacht, wagt neue, unbekannte Schritte ...". Inzwischen ist davon kaum mehr die Rede, ein Blick ins neue katholische Gesangbuch Gotteslob zeigt ein eher rückwärtsgewandtes Liedgut.

Die Gestaltung des Weihnachtsfestes als familiäre Feier hat auch von dessen ursprünglicher Aussagekraft viel genommen und ganz andere Schwerpunkte gesetzt. Die Nacht-Zeit ist nicht mehr die „Stunde Null", der Tiefpunkt, aus dem heraus sich Neues, die Erlösung, erhebt, sondern vor allem Ausdruck der Traulichkeit. Das Vorziehen der häuslichen Feier und auch kirchlicher Gottesdienste macht das Unbequeme bequem, passt die Feier ein in bürgerliche Zeitplanung und Festgestaltung. Möglicherweise geht es über die Jahrhunderte nicht anders, liegt es in der Natur des „Revolutionären" und des Charismas, domestiziert und institutionalisiert zu werden.

Zusammenfassung

Der Heilige Abend als Inbegriff der deutschen Weihnacht ist ein in mehrfacher Hinsicht einzigartiges Phänomen: Es gibt kein anderes kirchliches Fest, das wie Weihnachten in so großer Übereinstimmung noch in den Familien gefeiert wird, bei dessen häuslicher Feier auch noch immer viele religiöse Elemente zum Tragen kommen und das bereits einen Tag vor dem eigentlichen Feieranlass stattfindet.

Das Vorziehen dieser Feier vom 25. auf den 24. Dezember, wodurch im Verständnis der Menschen (bis in kirchliche Kreise hinein) der ursprüngliche Vortag/Vigiltag von Weihnachten quasi zum ersten von „drei Feiertagen" wurde, begegnet erst seit der Reformation. Der Besuch des nächtlichen Gottesdienstes (Christmette) war vielfach mit Problemen behaftet (Dunkelheit, vorausgehender Alkoholmissbrauch u. a.), weshalb diese Feier entweder auf den frühen Morgen des 25. oder auf den Abend bzw. Nachmittag des 24. Dezembers verlegt wurde (Christvesper). Mitte des 20. Jahrhunderts wurde auch in der katholischen Kirche vom Prinzip der Mitternacht abgerückt, (Kinder-)Christmetten finden vielfach bereits am Nachmittag statt.

Die familiäre Feier von Weihnachten ist, wie die Verlagerung auf den Heiligen Abend, ein relativ junges Phänomen, das sich erst vor etwa zwei bis drei Jahrhunderten herausgebildet hat. Es ist dabei so herangewachsen, dass Weihnachten inzwischen als das Familienfest schlechthin gilt. Durch diese Feier im Kreis der Familie (auch mitbedingt durch die „Traulichkeit" des Abends) hat das

Weihnachtsfest bei uns eine emotionale Tiefe und damit eine Bedeutung erhalten, die Ostern, obwohl es das bedeutendere christliche Fest ist, nicht hat. Nach einer Umfrage des Instituts für Demoskopie Allensbach von 2003 „Was bedeutet für Sie das Weihnachtsfest" nannten die meisten der befragten Deutschen – 79 % –: „Ein besonderes Familienfest".

Auf der einen Seite hat dies den positiven Aspekt, dass durch die Betonung des familiären Zusammenhangs bestimmte familiäre Werte – auch seitens der Medien und sogar der Liturgie selbst (Weihnachtspredigten; Fest der heiligen Familie) – einer breiten Bevölkerung vermittelt und damit hochgehalten werden. Daran konnten sich andere Themen anschließen, die ebenfalls in der Öffentlichkeit das Bild von Weihnachten ausmachen: Friede, Kinder, neues Leben u. a.

Zwar kann die Weihnachtsbotschaft ohne Umsetzung in konkretes Handeln nicht wachsen, aber ohne die Theologie des Weihnachtsevangeliums bleibt die Botschaft vom Frieden etc. auf der Ebene des Gesellschaftlichen und Politischen. So kann auf der anderen Seite Weihnachten als familiäres Fest der Liebe auch ohne christlichen Inhalt gefeiert werden – und wird es ja in vielen Ländern auch. Das Festhalten an Weihnachten und am Heiligen Abend in den Familien unter Umdeutung der Symbole in der Nazi-Diktatur (auch in anderen areligiösen Diktaturen) hat dies auch deutlich bewiesen. Und auch gegenwärtig gibt es immer wieder Tendenzen zu einem politisch korrekten „Winterfest" anstelle des christlichen Weihnachten.

Letztlich wird mit dem Rückzug auf das Haus die ursprünglich gemeindliche Feier von Weihnachten eingeengt und der Blick auf den Inhalt fast verschämt verstellt. So mögen die Vorschläge, den Kreis der Familie zu öffnen – im Handeln wie im Hinblick auf die daran beteiligten Personen –, richtig sein und verdienen stärkere Beachtung.

Dass der Heilige Abend unbeschadet der jeweils eigenen familiären Traditionen eine so erstaunliche Übereinstimmung in der Gestaltung in vielen Häusern aufweist, beruht auf einer dieser Feier ehemals zugrundeliegenden häuslichen Andacht. Daher rühren auch die vielfach noch vorhandenen religiösen Elemente dieses Abends (Evangelium, Lied, Gebet, Krippe); einzig an Weihnachten hat sich in vielen Häusern von dieser Form noch etwas erhalten. Das erklärt einerseits das Unbehagen, das manche Familien bei der Feier dieses Abends befällt, bei dessen Feier die einzelnen „frommen" Elemente und Riten zu Requisiten der Heiligabendfeier werden, die nur einmal im Jahr hervorgeholt werden und sonst keinen Sitz im Leben haben. Solche religiösen Andachtsformen sind zu überprüfen, und eventuell gilt es, nach Möglichkeiten zu suchen, dass der Heilige Abend nicht die einzige Gelegenheit und Form religiösen Ausdrucks im Haus bleibt. Die in einer heute anachronistisch wirkenden „Hausväterlichkeit" wurzelnde Rollenverteilung kann zu einer bloßen Inszenierung der Eltern für die Kinder führen, verschiedene ursprünglich religiös intendierte Elemente (Verse, Lieder, Gebete) werden in Verkennung ihrer ursprünglichen Bedeutung situativ umgedeutet und zu „Leistungen", die es vor dem Betreten des Weihnachtszimmers oder dem Erhalt der Geschenke zu erbringen gilt.

Insgesamt fällt auf, dass die Freude und Lust an der Feier dieses Abends bei vielen Menschen da ist – auch an den eigentlich untergeordneten Elementen dieses Abends: das Schmücken, Vorbereiten oder Kochen. Überhaupt rückt das Essen mehr in Mittelpunkt, neben die Geschenke, die ohnehin für viele die Hauptsache dieses Festes ausmachen. Es fällt auch auf, dass religiöse Elemente wie Lieder und das Aufstellen einer Weihnachtskrippe auch dort noch dazugehören, wo der ursprünglich religiöse Hintergrund nicht mehr gegeben ist. Die religiösen Zeichen und Handlungen, die auch den Inhalt des Weihnachtsfestes ausdrücken, stehen aber immer mehr in Gefahr – auch gesamtgesellschaftlich – bloßes Accessoire zu sein, während die Äußerlichkeiten zum eigentlichen Festinhalt werden und man die Familie, die Erinnerung an die Kindheit und die Feier selbst feiert. Als würde das Äußere nach innen gestülpt und das Innere nach außen.

In diesem Buch wurde einer bestimmten Art, den Heiligabend zu feiern, nachgespürt, wurden dessen Wurzeln, Geschichte und vor allem heutige Feierform dargestellt. Es ist aber längst nicht die einzige Art der Feier und Gestaltung dieses Tages und Abends. In etlichen Zusendungen auf die Umfrage (beim ersten- wie beim zweitenmal) wurde auch zum Ausdruck gebracht, dass die meisten der gefragten Elemente keine Rolle (mehr) spielen oder sogar der eigenen Lebenswelt völlig fremd seien. Und außerhalb des familiären Kreises – ob allein oder im Freundeskreis – wird der 24. Dezember auf die unterschiedlichste Art verbracht. So viele „Szenen" es in der Gesellschaft gibt, so viele Feiermöglichkeiten dieses Abends gibt es auch. Ob die dargestellte Form einer ursprünglich zugrundeliegenden Hausandacht heute noch als „DIN-Norm" bezeichnet werden kann, sei dahingestellt.

Welche Form auch immer der Heilige Abend in den Familien einnehmen kann – ob religiös mit Krippenfeier oder eher profan, ob im Rahmen der Kleinfamilie oder geöffnet hin auf größere Gemeinschaften bzw. die Gemeinde, ob als Vorbereitung des Weihnachtsfestes oder als dessen Auftakt und Höhepunkt: Jeder und jede Familie, Gruppe oder Gemeinschaft sollte seine und ihre je eigene Form finden, die nicht aufgesetzt erscheint und die man nur so macht, weil sie „schon immer" so gemacht wurde oder weil ein Buch oder Faltblatt sie so vorgibt. Letztlich will dieses Buch ermuntern, die herkömmliche Form des Heiligabends relativ zu sehen – hinsichtlich seiner Entstehung, aber auch bezüglich seiner Begehung. Es gibt viele kreative Möglichkeiten der Gestaltung dieses Abends, wie es ja auch viele Beispiele aus Zusendungen auf die Umfrage zeigen. Ein dann so gefeierter in sich stimmiger Heiligabend ist schön, will und kann gut tun – und kann uns „für ein paar Stunden ‚guter' machen, und das ist schließlich auch was wert" *(Walter Kempowski, Familienfeste)*.

Literaturverzeichnis

(Ein ausführliches Literaturverzeichnis enthält das Buch „Heiligabend. Riten – Räume – Requisiten", Verlag Friedrich Pustet, Regensburg 2002.)

Blaumeiser, Heinz / Blimlinger, Eva (Hgg.): Alle Jahre wieder ... Weihnachten zwischen Kaiserzeit und Wirtschaftswunder (Damit es nicht verlorengeht 25), Wien u. a. 1993.

Bögner, Erna: Heiliges Jahr daheim, Leipzig 1961.

Dänzer-Vanotti, Irene: Ach du fröhliche. Das Weihnachtsbuch für Singles und alle, die anders feiern wollen, München 1997.

Daschner, Dominik: Wann ist Weihnachten? Die Weihnachtszeit in den liturgischen Büchern und im Bewusstsein von Kirche und Öffentlichkeit, in: Heiliger Dienst 49 (1995), 244–256.

Dégh, Linda: Art. Erzählen, Erzähler, in: Enzyklopädie des Märchens. Handwörterbuch zur historischen und vergleichenden Erzählforschung, hg. von Kurt Ranke, Band 4, Göttingen 1984, 315–342.

Der Quempas geht um. Vergangenheit und Zukunft eines deutschen Christnachtbrauches. In Verbindung mit Konrad Ameln dargestellt von Wilhelm Thomas, Kassel 1965.

Dieffenbach, Georg Christian: Evangelische Haus-Agende, Mainz 1853.

Faber, Richard / Gajek, Esther (Hgg.), Politische Weihnacht in Antike und Moderne. Zur ideologischen Durchdringung des Fests der Feste, Würzburg 1997.

Foitzik, Doris: Rote Sterne, braune Runen. Politische Weihnachten zwischen 1870 und 1970 (Internationale Hochschulschriften 253), Münster u. a. 1997.

Gajek, Esther: Nationalsozialistische Weihnacht. Die Ideologisierung eines Familienfestes durch Volkskundler, in: Faber/Gajek 183–205.

Grün, Anselm: Geborgenheit finden – Rituale feiern. Wege zu mehr Lebensfreude, Stuttgart 1997.

Hausbuch zur Advents- und Weihnachtszeit. Ein Lese- und Werkbuch, hg. von Georg und Maria Luise Thurmair u. a., Freiburg ⁵1969.

Hasse, Edgar S.: Früher war mehr Lametta – https://www.welt.de/print/die_welt/kultur/article11810918/Frueher-war-mehr-Lametta.html (6. 2. 2017)

Jeggle, Utz: Schöne Bescherung. Spekulationen über Weihnachten, in: Faber/ Gajek 275–286.

Jocham, Magnus: Das kirchliche Leben des katholischen Christen. Ein Unterrichtsbuch für das christliche Volk, München 1859.

Jürgs, Michael: Der kleine Frieden im Großen Krieg, München 2005.

Kempowski, Walter: Deutsche Familienfeste, in: ZEIT-Magazin 53/1987, 14–23.

Löcher, Paul: Wie's einstens war zur Weihnachtszeit. Ein Buch der Erinnerungen, Ostfildern ³1981.

Lotz, Walter (Hg.): Christliches Hausbuch. Gebete, Unterweisungen und Betrachtungen für den Tag, die Woche, das Jahr und die verschiedenen Gelegenheiten des Lebens, Kassel ³1951.

Rauchenecker, Herbert: Lebendiges Brauchtum. Kirchliche Bräuche in der Gemeinde, München 1985.

Rauchenecker, Herbert: Alte Bräuche – neues Denken. Impulse aus Naturschutz und Tourismus, München 1992.

Reicke, Bo: Diakonie, Festfreude und Zelos in Verbindung mit der altchristlichen Agapenfeier, Uppsala/Wiesbaden 1951.

Riehl, Wilhelm Heinrich: Die Familie, Stuttgart 1861.

Rommel, Kurt (Hg.): Familienfeste im Kirchenjahr I, Stuttgart 1986.

Sauermann, Dietmar: Von Advent bis Dreikönige. Weihnachten in Westfalen, Münster/New York 1996 (Beiträge zur Volkskultur in Nordwestdeutschland 93).

Sauermann, Dietmar: Weihnachten in Westfalen um 1900. Berichte aus dem Archiv für westfälische Volkskunde, Münster 1976.

Schleiermacher, Friedrich, Die Weihnachtsfeier, Halle 1806.

Schlißke, Otto: „Äpfel, Nuss und Mandelkern". Was unsere Advents- und Weihnachtsbräuche bedeuten, Neukirchen-Vluyn [8]1988.

Theobald, Vreni und Dieter: Heut schließt er wieder auf die Tür. Ein Familienbuch für die Advents- und Weihnachtszeit, Gießen 1999.

Weber-Kellermann, Ingeborg: Das Buch der Weihnachtslieder, Mainz-München [5]1988.

Weber-Kellermann, Ingeborg: Das Weihnachtsfest. Eine Kultur- und Sozialgeschichte der Weihnachtszeit, München/Luzern 1987.

Weihnachtliches Hausbuch, hg. von Anna Martina Gottschick, Kassel 1954.

Weinhold, Gertrud, Das Gottesjahr und seine Feste, München/ Zürich 1986.

Wirtz, Klara: Christliche Heimgestaltung. Anregungen für Werktag und Feier in der Familie, Limburg/Lahn [3]1953.

Wolfram, Richard: Weihnachtsgast und „Heiliges Mahl", in: Zeitschrift für Volkskunde 58 (1962), 1–31.

Bildnachweis

topos taschenbücher

Bernhard Grom

Große Frauen und was sie bewegten

17 Porträts

topos premium

272 Seiten

ISBN 978-3-8367-0014-6

www.topos-taschenbuecher.de

topos taschenbücher

Johannes Oeldemann

Die Kirchen des christlichen Ostens

Orthodoxe, orientalische und mit Rom unierte Kirchen

topos premium

240 Seiten

ISBN 978-3-8367-0020-7

www.topos-taschenbuecher.de